소설과
소설가

THE NAÏVE AND THE SENTIMENTAL NOVELIST
by Orhan Pamuk

Copyright © 2010 by Orhan Pamuk
All rights reserved.

Korean Translation Copyright © 2012 by Minumsa

This Korean edition is published by arrangement with
Orhan Pamuk c/o The Wylie Agency (UK) LTD. through Milkwood Agency.

이 책의 한국어 판 저작권은 밀크우드 에이전시를 통해
The Wylie Agency (UK) LTD.와 독점 계약한 **(주)민음사**에 있습니다.

저작권법에 의해 한국 내에서 보호를 받는 저작물이므로
무단 전재와 무단 복제를 금합니다.

소설과 소설가

오르한 파묵의
하버드대 강연록

The Naive
and
the Sentimental
Novelist

오르한 파묵
이난아 옮김

민음사

키란 데사이에게

차례

1 소설을 읽을 때 우리 머릿속에서 무슨 일이 일어날까? 9
2 파묵 씨, 당신은 이런 것들을 정말로 경험했나요? 37
3 소설의 캐릭터, 플롯, 시간 59
4 단어, 그림, 사물 87
5 박물관과 소설 115
6 중심부 145

에필로그 173
찾아보기 185

1

소설을 읽을 때
우리 머릿속에서
무슨 일이
일어날까?

소설은 두 번째 삶입니다. 프랑스 시인 제라르 드 네르발[1]이 말한 꿈처럼, 소설도 우리네 삶의 다채로움과 복잡함을 보여 주고, 우리가 아는 것 같은 사람, 얼굴, 물건 들로 가득 차 있으니까요. 마치 꿈에서 그러하듯이, 우리는 때로 소설을 읽으면서 우리가 접한 것들의 경이로움에 사로잡혀 우리가 어디 있는지도 잊고, 우리가 보고 있는 상상의 사건이나 사람들 사이에 있다는 착각에 빠집니다. 그럴 때면 우리는 소설에서 보고 희열을 느꼈던 허구 세계가 현실 세계보다 더 현실적이라고 느낍니다. 이 두 번째 삶이 우리에게 현실보다 더 현실적으로 느껴지기 때문에 우리는 종종 소설을 현실의 대신으로 생각하거나, 그렇지 않더라도 최소한 소설과 현실의 삶에 혼돈을 느끼곤 합니다. 하지만 이러

---

1 1808~1855. 프랑스 시인, 소설가.

한 착각, 이러한 순진함에 대해 우리는 절대 불평하지 않지요. 오히려 마치 꿈속에서 그러하듯이, 지금 읽고 있는 소설이 계속 진행되기를, 이 두 번째 삶이 현실이고 진짜라는 느낌이 계속되기를 바랍니다. 우리는 상상의 이야기와 허구에 대해 알고 있으면서도, 어떤 소설이 현실의 삶이라는 착각을 계속 이끌어내지 못하면 우리의 즐거운 기분과 평온함은 사라집니다.

우리가 꿈을 꿀 때는 그 꿈이 진짜라고 생각합니다. 그게 꿈이니까요. 우리는 소설도 진짜라고 생각하며 읽습니다. 하지만 머릿속 한구석에서는 그렇지 않다는 것도 아주 잘 알고 있습니다. 이 모순되는 상황은 소설의 본질에서 옵니다. 소설 예술은 서로 모순되는 것들을 동시에 믿을 수 있는 우리의 능력에 바탕을 둡니다. 우선 나는 이 점을 강조하고 싶습니다.

나는 40년 넘게 소설을 읽어 왔습니다. 나는 소설을 읽는 데도 여러 스타일이 있다는 것을 역시 경험으로 알게 되었습니다. 소설은 가볍게 대할 수도 있고, 진지하게 받아들일 수도 있습니다. 우리의 영혼과 이성을 내맡길 수도 있지요. 우리는 소설을 때로는 논리로, 때로는 눈으로, 때로는 상상력으로, 때로는 이성의 아주 일부분만으로, 때로는 우리가 원하는 대로, 때로는 책이 원하는 대로, 때로는 온 신경을 집중하여 읽습니다. 젊은 시절 한때 나는 소설에 완전히 몰입하여 읽었습니다. 심지어는 일종의 황홀경에 빠지기도 했습니다. 그 시절에, 그러니까 열여덟 살과 서른 살 사이(1970년~1982년)에, 나는 소설을 읽으면서 내 머릿속과 영혼에서 일어나는 일들을, 마치 화가가 산, 들판, 숲, 강, 바위 들로 뒤덮인 형형색색의 복잡하고 생동감 있는 풍경을 뚜렷하고 명확하게 그려 내듯 설명할 수 있기를 바랐습니다.

    소설을 읽을 때 우리 머릿속에서, 우리 영혼에서 무슨 일이 일어날까요? 그때 일어나는 일들은 영화를 볼 때, 그림을 볼 때, 시를 들을 때(단순한 시가 아니라 영웅 서사시일 수도 있겠지요.) 일어나는 일들과 어떻게 다를까요? 소설은 때로 전기, 영화, 시, 그림 또는 동화가 주는 희열도 줄 수 있습니다. 하지만 소설이 다른 문학 장르나 영화, 그림과는 근본적으로 다르다는 것을 설명하고, 이 예술이 우리에게 미치는 고유한 영향을 있는 그대로 보여 주기 위해, 젊은 시절 열정적으로 소설을 읽을 때 나는 어떻게 했으며 내 속에서 어떤 복잡한 이미지가 일깨워졌는지 이야기하는 것으로 시작해야 할 것 같습니다.

    자신이 보고 있는 그림이 우선 눈을 즐겁게 해 주기를 바라는 박물관 관람객처럼, 젊은 시절 나는 소설을 읽을 때 다양한 사건, 갈등, 화려한 풍경을 좋아했습니다. 누군가의 사생활을 몰래 관찰하는 느낌뿐만 아니라, 광활한 풍경의 어두운 구석을 탐험하는 느낌이 아주 좋았던 거지요. 그렇다고 내 속에 항상 폭풍우가 몰아치는 그림만 있었다고 생각하지는 않았으면 합니다. 젊은 시절 소설을 읽을 때면 내 속에 광활하고 깊고 평온한 풍경이 나타나곤 했습니다. 때로는 빛이 꺼지고, 흑백이 선명해지면서 서로 분리되고, 그림자들이 꿈틀거렸습니다. 때로는 온 세상이 아주 다른 빛으로 만들어졌음을 깨닫고 놀라곤 했습니다. 때로는 어스름이 내려앉아 온 사방을 뒤덮으며, 온 세상이 단 하나의 느낌으로, 하나의 스타일로 변하곤 했습니다. 시간이 흐르면서 내가 이러한 느낌을 좋아하고, 이러한 분위기를 얻기 위해 책을 읽는다는 사실을 깨달았습니다. 소설 속 세계로 서서히 이끌려 들어갈 때면, 이스탄불 베쉭타시에 있는 집에 앉아 소설을 펼치기 전에 있었던 일들, 예컨대 방금 마신 물 한 잔, 어머니와 나눴던 대화, 머릿속을 오갔던 생각, 사소한 분노가 남긴 그림자들이 서서히 지워져 갔습니다.

내가 앉았던 오렌지색 안락의자, 바로 옆에 놓여 있던 역겨운 냄새가 나는 재떨이, 카펫이 깔린 방, 골목에서 고함지르며 축구 하는 아이들, 멀리서 들려오는 뱃고동 소리가 점차 멀어지고, 내 앞에 새로운 세계가 단어들로, 문장들로 열렸습니다. 이 새로운 세계는 책장을 넘길수록 분명해져, 마치 특수 약품을 부을수록 서서히 드러나는 비밀 그림처럼 서서히 형태가 드러나고, 선, 그림자, 사건, 등장인물 들이 명백해지곤 했습니다. 이 순간에 내가 소설 속으로 들어가는 것을 늦추고 사람, 사건, 사물들을 기억하고 상상하는 데 방해가 되는 것이 나타나면 정말 속상하고 초조해졌습니다. 예를 들면, 주인공과 무슨 관계였는지 기억이 안 나는 먼 친척, 무기가 든 서랍의 위치, 중의적인 의미가 있다는 것은 이해했지만 그 두 번째 의미가 무엇인지는 알 수 없는 대화 등이 나오면 지독히 불안해지곤 했습니다. 나는 초조하고 들뜬 상태에서 단어들을 열심히 훑으며 한시라도 빨리 모든 것이 분명히 이해되기를 조급하게 바라곤 했습니다. 이러한 순간에는 마치 전혀 낯선 곳에 떨어진 겁먹은 동물처럼 나의 지각의 모든 문이 활짝 열렸고, 머릿속은 아주 빨리, 아주 다급하게 돌아가기 시작했습니다. 지금 들어가려는 세계에 적응하기 위해 손에 들린 소설의 세부 사항에 전력을 다해 주의를 기울이고, 상상 속 단어들을 그림으로 전환하고, 소설에서 묘사하는 모든 것을 눈앞에 떠올리기 위해 발버둥치곤 했습니다.

이윽고 힘들여 집중한 노력이 결실을 맺어 내가 보고자 했던 진짜 커다란 풍경이, 마치 안개가 걷힌 후 커다란 대륙이 선명하게 드러나듯 내 앞에 펼쳐졌지요. 그러면 나는 소설에서 설명하는 것들을 마치 창밖 경치를 바라보듯 별로 힘들이지 않고 편히 바라보곤 했습니다. 『전쟁과 평화』에서 피에르가 언덕에서 보로디노 전투를 바라보는 장면은 나에게 일종의 소설 읽기 모델과도 같습니다. 작가가 세밀하게 엮어서 우리를 위해 준비하고, 우리가 읽으면서 염두에 두었던 많은 세부 사항이 모여 이 장면에서 순식간에 한 폭의 그림처럼 펼쳐집니다. 독자는 소설 속 단어들을 읽는 게 아니라, 마치 어떤 풍경화 앞에 서 있는 듯한 느낌을 받게 됩니다. 여기에서 결정적인 것은 작가가 시각적인 세부 사항을 주의 깊게 묘사하듯, 독자도 상상 속에서 단어들을 커다란 풍경으로 전환한다는 점입니다. 광활한 자연이나 전장이 아니라, 방 안이나 폐쇄적이고 답답한 분위기에서 진행되는 소설, 예를 들면 프란츠 카프카의 『변신』 같은 소설도 마찬가지입니다. 그러한 이야기를 읽을 때도 우리는 마치 하나의 풍경을 보듯, 머릿속에서 그림으로 전환하고 그 장면의 분위기에 익숙해지고 영향을 받으며, 사실상 계속해서 탐색하며 읽습니다.

다시 한 번 레프 톨스토이를 예로 들어 설명하고자 합니다. 창밖을 바라보는 장면을 통해 독자가 소설 속 풍경으로 들어가는 순간을 볼 수 있습니다. 이 세상 모든 소설 가운데 가장 위대한 소설 『안나 카레니나』의 한 장면을 읽겠습니다.

안나는 모스크바에서 우연히 브론스키와 만나고 기차로 상트페테르부르크의 집으로 돌아가는 길입니다. 그녀는 내일 아침이면 아이와 남편을 본다는 생각에 기쁨에 차 있습니다.

〔안나는〕 작은 손가방에서 페이퍼 나이프와 영국 소설을 꺼냈다. 처음에는 글이 눈에 들어오지 않았다. 우선 주위의 소란과 사람들의 발소리가 그녀를 방해했다. 그런 다음 기차가 움직이기 시작하자, 그녀는 기차 소리를 듣지 않으려 해도 듣지 않을 수 없었다. 그다음엔 왼쪽 창문을 두들기며 유리창에 달라붙은 눈, 옷가지를 몸에 칭칭 감은 채 차창 옆을 지나치며 눈을 맞고 다니는 사람들의 모습, 바깥에 불고 있는 매서운 눈보라에 대해 사람들이 나누는 말소리가 그녀의 주의를 흐트러뜨렸다. 그다음부터는 똑같은 풍경이 계속 되풀이되었다. 덜컹거리는 기차 소리와 문을 여닫는 소리, 창밖에 내리는 눈, 열기에서 냉기로 다시 냉기에서 열기로 급격하게 바뀌는 실내 온도, 어슴푸레한 어둠 속

에서 아른거리는 얼굴들, 똑같은 목소리. 그러는 사이 안나는 책을 읽고 그 내용을 이해하기 시작했다. 안누슈카는 한 짝에 구멍이 난 장갑을 깐 넓적한 두 손으로 무릎 위에 놓인 빨간 손가방을 붙잡고서 졸고 있었다. 안나 아르카지예브나는 책을 읽고 내용을 이해했지만, 책을 읽는 행위, 다시 말해 다른 사람들의 삶의 반영을 좇는 행위가 마음에 들지 않았다. 그녀로서는 자신의 삶을 살고 싶은 마음이 간절했다. 소설의 여주인공이 환자를 간호하는 장면을 읽으면, 그녀도 발소리를 죽이며 병실을 돌아다니고 싶었다. 또 의원이 연설을 하는 장면을 읽으면, 그녀도 그 연설을 하고 싶었다. 레이디 메리가 말을 타고 사냥감을 쫓거나 새언니를 골리거나 대담한 행동으로 주위 사람들을 놀라게 하는 장면에서는, 그녀도 직접 그것을 똑같이 해 보고 싶었다. 하지만 그녀가 할 수 있는 일은 아무것도 없었다. 그래서 그녀는 자그마한 손으로 매끄러운 페이퍼 나이프를 만지작거리며 책을 읽으려 애썼다.[2]

안나는 브론스키 생각을 지울 수가 없었기 때문에, 자신의 삶을 살고 싶었기 때문에 책을 읽어 나가지 못했던 것입니다. 만약 안나가 계속 읽어 나갔다면 창밖 풍경을 바라보듯 레이디 메리가 말을 타고 무리를 따라가는 장면을 쉽게 눈앞에 떠올릴 수 있었을 것이고, 외부에서 바라보던 소설 속 풍경으로 서서히 들어갈 수 있었을 겁니다.

2 톨스토이, 연진희 옮김, 『안나 카레니나 1』, 민음사, 2009, 221~222쪽.

소설을 읽기 시작하는 것은 풍경 속으로 들어가는 것임을 소설가들 대부분은 은연중에, 아니면 분명히 알고 있습니다. 스탕달의 『적과 흑』이 어떻게 시작하는지 떠올려 봅시다. 먼저 작은 도시 베리에르를 멀리서 바라봅니다. 이어서 도시가 자리 잡고 있는 언덕, 붉은 기와를 얹은 뾰족한 지붕의 하얀 집들, 무성한 밤나무 수풀, 폐허가 된 요새를 보게 됩니다. 아래에는 두 강이 흐르고 있지요. 그러고는 제재소와 날염 공장이 있다는 것을 알게 됩니다.

우리는 한 페이지 뒤에서 소설의 주요 등장인물 가운데 한 명인 시장과 마주하게 되고, 곧 그의 성격을 알게 되지요. 소설 읽기의 진정한 희열은 세계를 외부가 아니라, 안에서, 그 세계에 속한 등장인물의 눈으로 보는 데서 시작됩니다. 소설을 읽을 때 우리는 다른 그 어떤 문학 형식도 제공하지 못하는 속도로, 전체 풍경과 찰나의 순간을, 일반적인 생각과 특별한 사건 사이를 오갑니다. 풍경화를 멀리서 볼 때면 우리는 순간적으로 풍경 속 사람들의 생각과 미묘한 분위기를 알 것 같은 생각이 듭니다. 중국 산수화 속 바위산, 강, 소나무 숲 사이에 작게 그려진 어떤 사람에게 초점을 맞추면, 이윽고 그의 눈을 통해 거대한 풍경을 머릿속에 떠올리게 됩니다.(중국화는 이렇게 감상하도록 그려집니다.) 그러면 우리는 풍경화가 그 안에 있는 인물의 생각, 감정, 지각을 반영하려는 의도로 그려졌다는 것을 이해하게 됩니다. 마찬가지로 소설 속 풍경이 등장인물들의 정신 상태의 연장선이거나 일부라는 것을 감지하는 순간, 우리도 부드러운 전이로 이 등장인물들과 동일화됩니다. 소설 읽기는 한편으로는 전후 사정을 전체적으로 유념하고 있으면서, 다른 한편으로는 등장인물 각각의 생각과 행동을 따라가며, 전체 풍경 속에서 그것들에 의미를 부여하는 것입니다. 지금 우리는 조금 전 창밖으로 보았던 풍경 속에 있습니다. 산이 보이고, 강물의 차가움과 숲의 향기도 느껴집니다. 다른 주인공들과 이야기하면서 소설 속 세계로 더 깊숙이 걸어 들어갑니다. 소설 언어는 서로 동떨어져 있는 모든 것을 연결하고, 주인공의 외면과 머릿속을 하나의 시선으로 볼 수 있도록 우리를 도와줍니다.

소설 속에 있을 때 우리 머릿속은 많은 일을 하지만, 눈 덮인 시끄러운 상트페테르부르크행 기차에 오른 안나의 머릿속처럼 안간힘을 쓰지는 않습니다. 우리 머릿속은 풍경에서 나무로, 등장인물에서 등장인물의 생각으로, 그들이 만진 사물로, 사물을 통해 그들이 떠올린 추억으로, 다른 등장인물로, 그리고 또 전체적인 생각으로 한시도 쉬지 않고 오갑니다. 우리 이성과 지각은 낯선 환경에 놓인 겁먹고 당황한 어떤 동물처럼 치열하게 돌아가고 있고, 동시에 많은 것을 수행하지만, 우리 대부분은 우리가 이를 수행한다는 것조차 인식하지 못하고 있습니다. 소설을 읽을 때 우리는 운전하면서 버튼을 누르고 페달을 밟고 기어를 변환하고 수많은 규칙에 따라 운전대를 좌우로 돌리고 도로 표지판을 읽고 의미를 해석하며 교통 신호를 살피고 있다는 것을 인식하지 못하는 운전자와도 같습니다.

이 운전자 비유는 단지 독자뿐만 아니라 소설가에게도 적용됩니다. 어떤 작가는 소설을 쓸 때 자신이 사용하는 기교를 인식하지 못합니다. 머릿속에서 하는 온갖 작업과 계산도 잊고, 소설 예술이 제공한 기어, 핸드 브레이크, 버튼 들을 사용하고 있으며, 더욱이 이중에 새로 발명된 것도 있다는 것도 인식하지 못하지만, 아주 자연스럽게 저절로 씁니다. 소설 쓰기에(그리고 독서에도) 인위적인 면이 있다는 것을 전혀 의식하지 않는 이러한 유의 독자와 작가를 '소박한 사람'이라고 부릅시다. 이것과는 정반대되는 감성, 그러니까 소설을 읽거나 쓸 때 텍스트의 인위성과 현실성을 확보하지 못하는 것에 마음을 빼앗기고, 소설을 쓸 때 사용되는 방법과 소설을 읽을 때 우리 머릿속에서 일어나는 일에 특별하게 관심을 두는 독자와 작가를 '성찰적인 사람'이라고 부르지요. 소설 창작은 소박한 동시에 성찰적인 일입니다.

또는 'naive'한 동시에 'sentimentalisch'해야 하기도 하지요. 이 분류는 1795년에 독일의 시인이자 작가인 프리드리히 실러가 「소박한 문학과 성찰적인 문학(Über naive und sentimentalische Dichtung)」[3]이라는 유명한 논문에서 처음으로 제기했습니다. 실러가 천진함과 순수함을 잃고, 고뇌하고 고통스러워하는 현

---

3 국내에서는 이 논문이 「소박 문학과 감상 문학」, 「소박한 문학과 성찰적인 문학」, 「소박한 문학과 감상적인 문학에 관하여」 등으로 번역되었다. 이 책에서도 소박하고 성찰적인 작가 혹은 독자로 번역했다.

대 시인을 언급하기 위해 사용한 독일어 단어 'sentimentalisch'는 사실 '감상적인'이라고 옮겨야 합니다. 실러는 이 단어를 로렌스 스턴[4]의 기행문 『풍류 여행기』에서 영감을 받아 빌려 왔고, '자연스럽지 못하고, 고뇌하는'이라는 의미로 사용했습니다.(실러는 논문에서 소박하고 천진한 천재의 사례를 열거하면서 단테 알리기에리, 윌리엄 셰익스피어, 미겔 데 세르반테스, 요한 볼프강 폰 괴테, 알브레히트 뒤러 같은 예술가들 사이에 스턴도 존경을 담아 언급합니다.) 하지만 이 단어를 더는 언급하지 맙시다. 우리는 실러가 'sentimentalisch'라는 단어로 자연의 단순함과 힘에서 멀어져, 자신의 감정과 사고에 지나치게 몰입한 어떤 정신 상태를 설명했다는 것만 명심하면 됩니다. 나의 목적은, 내가 젊은 시절부터 아주 좋아했던 실러의 이 글을 올바로 이해하고, 이것을 통해 소설 예술에 관한 내 생각을 분명히 정리하여(나 혼자 항상 해 오던 일이지요.) 옳게 표현하는 것입니다.(지금 내가 하려고 애쓰고 있는 일이지요.)

토마스 만이 '독일어로 쓰인 논문 중 가장 멋진 작품'이라고 극찬했던 이 유명한 논문에서, 실러는 시인을 두 부류로 나눕니다. 소박한 시인들은 자연과 지극히 가깝습니다. 어떻게 보면 자연 그 자체라고 할 수도 있지요.(자연처럼 차분하고 가혹하며 슬기롭다는 말입니다.) 그들은 시를 자연스럽게 거의 생각하지 않

---

4 1713~1768. 영국 작가.

고 씁니다. 말의 사상적·도덕적 결과를 전혀 고려하지 않고, 다른 사람들이 뭐라고 하건 전혀 신경 쓰지 않고 써 버립니다. 그들에게 시는 — 현대인과 현대 시인 들과는 반대로 — 그들을 떠나지 않는 자연이 자연스럽게 남긴 어떤 영향 같은 것입니다. 소박한 시인들에게 시는, 자신들도 그 일부인 자연에서 저절로 나옵니다. 시란 시인이 고심하여 계산하고 운율에 맞추며 자신을 끝없이 통제하고 비판하며 쓰는 것이라기보다는, 자신도 모르게 쓰인다는, 더욱이 자연이나 신, 아니면 다른 어떤 힘에 의해서 저절로 쓰인다는 믿음이 있습니다. 이러한 시에 대한 낭만적인 이해는 독일 낭만주의에서 많은 영향을 받은 새뮤얼 콜리지[5]의 시 「쿠빌라이 칸」의 서문에도 나타나 있습니다.(나의 소설 『눈』의 주인공인 시인 카도 새뮤얼 콜리지와 실러의 영향을 받아 동일한 소박한 영혼 상태에서 시를 썼습니다.) 읽을 때마다 내게 커다란 감탄을 불러일으키는 실러의 이 논문에서 소박한 시인의 결정적인 특징 가운데 한 가지를 언급하고 있는데, 나는 이것을 강조하고 싶습니다. 소박한 시인은 말이, 단어가, 시가 전체 풍경을 규명하리라는 것을 전혀 의심하지 않습니다. 그것들이 그 세계를 대변하고 제대로 묘사하여 그 의미를 도출하리라고 생각합니다. 어차피 그 의미는 시인과 동떨어져 있거나 그렇게 꼭꼭 숨겨진 것도 아닙니다.

---

5 1772~1834. 영국 시인, 평론가.

실러에 의하면 성찰적인 시인은 무엇보다도 먼저 단어들이 실재를 규명할지, 실재에 도달할지, 말들이 그가 원하는 의미를 내포하고 있을지 등등의 문제로 불안해합니다. 이러한 이유로 그들은 자신이 쓴 시를 너무나 잘 알고 있고, 사용한 방법과 기법 들의 인위성도 자각하고 있습니다. 소박한 시인은 자신이 인지하는 세계와 세계 자체를 그다지 구별하지 못합니다. 하지만 현대적이고 성찰적인 시인은 자신이 지각하는 모든 것을 의심하고, 심지어는 자신의 지각마저 의심합니다. 게다가 자신이 지각한 것을 시로 옮길 때도 교육적·도덕적·사상적 원칙들로 고민합니다.

실러의 재미있고 도발적인 이 유명한 논문은 예술, 문학, 인생에 대해 생각하고 싶은 사람들에게도 매력적인 자료입니다. 젊은 날 이 논문을 되풀이해 읽고 그가 제시한 사례들을 살펴보며 저절로 시를 쓰는 유형과 이성으로 계산하고 신중히 시를 쓰는 유형의 차이를 생각했고, 물론 나 자신을 소설가로 놓고 소설을 쓸 때의 나의 다양한 심리 상태에 대해서도 생각했습니다. 수년 전 그림을 그릴 때 내가 느꼈던 것들도 머릿속에 떠올랐습니다. 일곱 살에서 스물두 살 사이에, 장차 화가가 되겠다는 꿈을 꾸며 끊임없이 그림을 그렸지만 결국 소박한 화가로 남았고, 어쩌면 그 사실을 깨닫고 그림을 그만두었던 것 같습니다. 그때 당시에도 실러가 말한 '시'는 가장 일반적인 의미의 예술과 문학으로 풀이되었습니다. 이번 강연에서도 그 전통을 존중할 것입니다. 실러의 밀도 있고 도발적인 이 논문은 내가 소설 예술에 대해 숙고할 때마다 '소박한' 소설가와 '성찰적인' 소설가 사이를 오간 나의 젊은 시절에 대한 기억을 불러일으키며 늘 나와 함께 할 것입니다.

실제 실러의 글은 어느 순간부터 시와 일반적인 예술과 문학에 관한 내용에서 벗어나 인간 유형에 관한 철학 텍스트로 변합니다. 텍스트가 철학적이고 심리학적인 특성을 띠게 된 시점부터는 행간에 숨겨진 개인적인 충동을 살펴보는 것이 더 재미있습니다. 독일 문학사가에 의하면, 실러가 '두 종류의 인간 유형이 있다.'라고 말할 때 "괴테처럼 소박한 사람들과 나처럼 성찰적인 사람들!"이라고 말하고 싶었던 거라고 합니다. 실러는 단지 시인 괴테를 부러워한 것이 아니었습니다. 괴테의 태평함, 자연스러움, 이기심, 자신감, 귀족적 정신, 위대하고 기발한 생각을 손쉽게 발견해서 말해 버리는 점, 자기 자신이 될 수 있었던 점, 단순함, 겸손함, 천재성, 그리고 이 모든 것을 마치 아이처럼 전혀 알아채지 못하는 점을 부러워했습니다. 그는 괴테에 비하면 더 성찰적이고 지적이어서, 문학적 활동을 할 때도 더 복잡하게 고뇌하면서 자신이 사용한 문학적 기법을 더 잘 인지하고 있었기 때문에, 이러한 것들에 대해 의구심과 망설임 그리고 불신감으로 가득 차 있었습니다. 그리고 이런 정신 상태가 더 '현대적'이라고 느꼈습니다.

지금부터 30년 전에 「소박한 문학과 성찰적인 문학」을 읽을 당시 나는 마치 괴테에게 분노한 실러처럼, 이전 세대 터키 소설가들의 소박함과 천진함에 대해 불평하곤 했습니다. 그들은 소설을 쉽게 썼고, 스타일이나 기법에 대해 전혀 고민하지 않았습니다. 하지만 단지 그들에게만 '소박하다.'(나는 지금 이 단어를 갈수록 부정적인 의미에서 사용하고 있습니다.)는 불만을 느꼈던 것은 아닙니다. 나는 19세기 오노레 드 발자크 소설을 자연스러운 실체로 보고, 거기에 전혀 의문을 제기하지 않았던 세계의 모든 소설가가 불만스러웠습니다. 지금도, 35년이나 소설을 쓰고 내 안에 있는 소박한 소설가와 성찰적인 소설가 사이에 균형을 찾았다고 믿고 싶은 지금도 나는 여전히 어느 시인이 더 '소박'하고 어느 소설가가 더 '성찰적'인지에 관한 논쟁에 흥미를 느낍니다.

내가 처음 소설을 쓰기 시작한 1970년대 중반에는 아흐메트 함디 탄프나르[6]와 오우즈 아타이[7] 같은 소설가들을 더 '성찰적'이라는 이유로 좋아했습니다. 이 작가들은 단지 인간의 경험만을 늘어놓지 않고, 서술 방법에 대해서도 지극히 고민했기 때문입니다. 문제는 현대 터키나 현대 이스탄불의 삶을 제대로 서술하려면 어떻게 해야 하느냐는 것이었습니다.

앞에서 소설에서 묘사한 세계에 대해 언급하면서 풍경에 비유했습니다. 소설을 읽을 때도, 마치 운전할 때 자신이 하는 동작을 의식하지 못하는 운전자처럼, 우리 가운데 일부는 우리 머

6 1901~1962. 터키 소설가, 시인.
7 1934~1977. 터키 소설가.

릿속에서 무슨 일이 일어나는지 의식하지 못한다고 말했습니다. 소박한 소설가와 소박한 독자는 달리는 차 안에서 창밖으로 바라본 것만으로도 그 나라에 대해 알고, 그 나라 사람들을 이해한다고 진심으로 믿는 사람과 같습니다. 그는 차창 밖으로 보이는 풍경의 힘을 믿기 때문에, 풍경에 대해, 사람에 관해 얘기하고, 성찰적인 소설가의 질투를 불러일으킬 만큼 강력한 견해를 말할 수도 있습니다. 반대로 성찰적인 소설가는 차창 밖으로 보이는 풍경은 한정되어 있는 데다가 유리에 진흙까지 묻어 있다고 말합니다. 그러고는 베케트 스타일의 침묵으로 일관하거나, 아니면 나나 다른 많은 현대 소설가들처럼, 자동차 운전대, 버튼, 진흙 묻은 창, 기어를 장면의 일부로 그리지만, 우리가 본 것들은 소설의 관점에 한정되어 있다는 것을 절대 잊지 않습니다.

비유에 휩쓸리기 전에, 우리 모두가 소설을 읽을 때 머릿속에서 일어나는 작업들 가운데 가장 중요한 몇 가지를 주의 깊게 열거하고자 합니다. 소설 읽기란 이 작업들을 하는 것입니다. 하지만 성찰적인 소설가들만이 이 작업을 감지하고 세세하게 구분 지을 수 있습니다. 이 작업은 실제 소설이 무엇인지(우리가 알지만 잊었던 어떤 것을) 우리에게 환기시킬 것입니다. 소설을 읽을 때 우리 머릿속에서 일어나는 일은 바로 다음과 같습니다.

1. 우리는 전체 풍경을 바라보고, 이야기를 따라갑니다. 스페인의 사상가이자 철학자인 오르테가 이 가세트는 돈키호테에 대해 썼던 책에서 모험 소설, 기사도 소설, 싸구려 소설 등은 그

다음에 어떤 일이 일어날까 궁금해서 읽으며(이 리스트에 탐정 소설, 가벼운 연애 소설, 스파이 소설 등을 덧붙일 수 있을 겁니다.) 현대 소설은(오늘날 우리가 순문학 소설이라고 부르는) 분위기 때문에 읽는다고 말합니다. 가세트에 의하면, 이러한 분위기 소설은 아주 적은 이야기를 포함하고 있는 '풍경화'와 같기 때문에 더 가치가 있습니다.

하지만 이야기가 많고 박진감이 넘치건, 풍경화처럼 전혀 이야기가 없건, 우리는 소설을 읽을 때 기본적으로 항상 같은 방식으로 읽습니다. 이야기를 따라가면서 우리가 마주치는 것들이 어떤 의미가 있고 주제가 무엇인지 이해하려고 하면서 읽습니다. 마치 어떤 풍경화처럼, 소설이 우리에게 아무 사건도 던져 주지 않고 수없이 많은 잎사귀만 일일이 묘사한다고 하더라도(프랑스 누보로망에서 알랭 로브그리예[8] 또는 미셸 뷔토르[9]의 작품을 예로 들 수 있겠지요.) 서술자가 무슨 말을 하고 싶은 것인지, 이 잎사귀들이 모여 결국에 어떤 이야기를 형성할지 생각하기 시작합니다. 머릿속으로는 항상 배후 어딘가에 있을 어떤 모티프, 아이디어, 의도, 숨은 중심부를 찾습니다.

2. 우리는 머릿속에서 단어를 그림으로 전환합니다. 소설은 어떤 이야기를 들려주지만, 소설이 단지 어떤 이야기인 것만은 아닙니다. 이야기는 수많은 사물, 소리, 대화, 상상, 추억, 지식,

[8] 1922~2008. 프랑스 소설가, 시나리오 작가, 영화감독.
[9] 1926~ . 프랑스 소설가.

생각, 사건, 장면 묘사 들을 통해 서서히 우리 앞에 나타납니다. 소설을 읽으며 희열을 느낀다는 말은 단어들을 머릿속에서 그림으로 전환하는 것을 좋아한다는 의미입니다. 단어들이 설명하는 (설명하고 싶어 하는) 것들을 상상 속에서 떠올리면서, 우리 독자들은 이야기를 완성합니다. 이 과정에서 우리는 책이 말하는 것, 즉 서술자가 말하고 싶어 하는 것, 말하려 한 것, 또는 말했다고 우리가 추측하는 것을 추적해 나갑니다. 소설의 중심부를 찾으며 상상력을 펼쳐 나가는 것입니다.

    3. 다른 한편으로 우리는 작가가 설명한 것 가운데 어디까지가 경험이며, 어디까지가 상상인지 궁금해합니다. 특히 소설이 우리에게 놀라움과 감탄 그리고 당혹감을 불러일으키는 부분에서 이런 의문이 들곤 합니다. 소설 읽기란 소설에 가장 깊이 빠졌을 때조차 '어디까지가 상상이며, 어디까지가 경험일까?'라는 질문을 계속해서 하는 것입니다. 소박하게 소설이 실재라고 생각하며 자신을 잊는 것과 어디까지 상상인지 성찰하며 궁금해하는 것은 논리적으로 모순이 됩니다. 하지만 소설 예술의 영원한 힘과 생명력은 이러한 모순들로 이루어졌고, 자신만의 특별한 논리에 의거합니다. 소설 읽기는 세상을 데카르트주의 세계의 논리에서 벗어나 이해하는 것을 말합니다. 이것은 서로 모순되는 한 가지 이상의 사고를 지속적으로, 불안감을 느끼지 않고, 동시에 믿는 것을 말합니다. 이렇게 해서 우리 내부에 서서히 현실성의 삼차원, 소설 속 세계의 복잡한 차원이 나타나기 시작합

니다. 모든 것이 서로 모순되지만, 동시에 받아들여지고 묘사됩니다.

4. 우리는 계속해서 궁금해합니다. 현실이 이러한 것일까? 소설에서 설명하고, 보여 주고, 묘사한 것들이 지금 우리가 삶을 통해 아는 현실과 같은 것일까? 예를 들면, 우리는 우리 자신에게 묻습니다. 1870년대 모스크바에서 상트페테르부르크로 가는 야간열차가 소설을 읽을 수 있을 정도로 조용하고 편안했을까? 아니면 톨스토이는 '안나는 책을 좋아하는 여자다.'라고 말하고 싶었던 것일까? 소설 예술의 심장부에는 일상생활의 경험에서 얻은 지식이 적절한 형태를 부여한다면, 현실에 관한 귀중한 정보가 될 수 있다는 낙관주의가 도사리고 있습니다.

5. 우리는 이러한 낙관주의 아래 적절한 단어, 정확한 비유, 상상과 이야기의 힘, 문장의 축적, 산문의 비밀스럽고 솔직한 시와 음악을 가늠하고 음미합니다. 스타일이 주는 희열과 과제는 소설의 심장부에 있지 않고, 심장부에서 아주 가까운 곳에 있습니다.(이 매력적인 주제에 대해 수천 가지 사례를 들며 이야기할 수 있습니다.)

6. 우리는 주인공들의 선택과 행동에 대한 도덕적 판단을 내리기도 하고, 동시에 주인공에 대한 도덕적 판단들을 통해 작가를 판단하기도 합니다. 소설에서 도덕적 판단은 피할 수 없는 늪입니다. 다만 소설 예술은 인간을 심판할 때가 아니라, 이해할 때 가장 고매하고 탁월한 성과를 낸다는 것을 잊지 말고, 거기에

너무 휩쓸리지 않도록 합시다. 소설을 읽을 때 도덕은 풍경의 일부가 되어야 합니다. 우리 마음속에서 우러나와 소설 주인공을 겨냥해서는 안 됩니다.

7. 우리 머릿속에서 이 모든 작업이 동시에 행해지는 사이, 한편에서는 우리가 얼마나 깊은 이해에 도달했는지를 떠올리며 스스로 자랑스럽게 여깁니다. 특히 문학성 높은 소설을 읽을 때 우리가 텍스트와 맺은 밀접한 관계는 우리 독자들에게 마치 사적인 성공처럼 다가옵니다. 소설이 오로지 우리를 위해 쓰인 것 같은 느낌, 이 달콤한 착각이 마음속에서 천천히 솟아오릅니다. 작가와 우리 사이에 생기는 이런 친근감과 은밀함은 책에서 완전히 이해하지 못하거나, 또는 도저히 받아들일 수 없는 부분이 나와도 별로 문제 삼지 않고 넘어가는 데 일조합니다. 이렇게 해서 우리는 작가와 어느 정도 공범 관계가 됩니다. 소설을 읽을 때 우리 머릿속 한구석에서는 이 공범 관계를 해치는 속성을 숨기고 묵인하고 긍정적으로 해석하느라 분주합니다. 우리는 이야기를 믿기 위해, 작가가 말하는 모든 것을 그가 원하는 만큼 믿지는 않습니다. 왜냐하면 우리는 작가의 어떤 집요함, 고집, 그리고 강박관념이 옳지 않게 보일지라도, 책에 관한 믿음을 잃지 않고 계속 읽고 싶기 때문입니다.

8. 우리 기억도 한편으로 전혀 쉬지 않고 열심히 작동합니다. 작가가 우리에게 보여 준 세계에서 의미와 독서의 즐거움을 찾기 위해 우리는 소설의 감춰진 중심부를 찾습니다. 그러려면

소설의 모든 세부 사항을, 마치 나무의 모든 잎사귀를 기억하는 것처럼, 기억하고 있어야 합니다. 작가가 부주의한 독자를 도와주기 위해 소설을 단순하고 가볍게 만들지 않은 다음에야 모든 것을 기억하는 것은 어려운 일입니다. 이 어려움은 소설 형식의 경계와도 직결됩니다. 소설은 읽는 사람이 모든 세부 사항을 기억할 수 있을 정도의 분량이어야 합니다. 왜냐하면 거대한 풍경 속으로 걸어갈 때 우리가 마주치는 '모든 것'의 의미는, 이전에 마주쳤던 '다른 모든 것'과 관련이 있기 때문입니다. 잘 짜인 소설에서 '모든 것'은 '다른 모든 것'과 관련이 있습니다. 이 전체 관계망은 책의 분위기를 형성할 뿐만 아니라, 우리가 책을 읽을 때 주의를 집중하여 찾고 있고, 찾아야만 하는 소설의 감춰진 중심부를 가리키고 있기 때문입니다.

9. 우리는 최대한 주의를 기울여 소설의 감춰진 중심부를 찾습니다. 이것이 바로 소설을 읽을 때 우리 머릿속에서 무의식적으로 소박하게 또는 성찰하면서 의도적으로 가장 많이 하는 작업입니다. 소설과 다른 문학 서사의 차이는 감춰진 중심부가 있다는 것입니다. 더 정확하게 말하겠습니다. 소설에는 우리가 그 존재를 믿으며 찾는 감춰진 중심부가 있습니다.

소설의 중심부는 무엇으로 만들어져 있을까요? 소설을 만드는 모든 것이 그 재료라고 대답할 수 있겠습니다. 하지만 이 중심부는 우리가 단어 하나하나를 따라 좇아간 소설의 표면과는 멀리 떨어진 배후 너머에서 있어서 보이지 않고 쉽게 찾을 수 없는, 거의 계속 움직여서 잠을 수 없는 그 무엇입니다. 이 중심부의 징후는 사방에 있습니다. 그러므로 소설의 모든 세부 사항, 즉 거대한 풍경의 표면에서 마주친 모든 것은 서로 연결됩니다.

우리는 소설에 중심부가 있다는 것을 알기 때문에, 소설을 읽을 때면 마치 풍경을 걸어가며 모든 잎사귀를, 모든 부러진 가지를 어떤 신호처럼 여기고 의심하며 주의 깊게 살피는 사냥꾼처럼 행동합니다. 우리 눈앞에 나타난 모든 새로운 단어, 사물, 캐릭터, 주인공, 대화, 묘사, 세부 사항, 소설의 언어적·형식적 특징, 이야기의 예상 밖 진행 등이 표면에 보이는 것과는 다른 어떤 것을 암시한다고 느끼면서 읽어 나갑니다. 소설에 중심부가 있다고 믿으면 중요하지 않게 여겼던 세부 사항이 중요할 수 있고, 소설 표면에 있는 모든 것에 다른 의미가 있을 수 있다고 느끼게 됩니다. 소설은 죄책감과 피해망상 그리고 불안감을 향해 열려 있는 서사입니다. 소설을 읽을 때 느끼는 심오한 감정 또는 어떤 삼차원 세계에 있는 것 같은 착각도 이 감춰진 중심부의 존재 때문입니다.

소설을 서사시, 중세의 메스네비[10], 장시(長詩), 그리고 전통적인 모험 소설과 구분 짓는 것은 바로 이 중심부입니다. 물론 소설은 등장인물들이 더 복잡하다는 점에서도 다릅니다. 소설은 평범한 사람들에게 초점이 맞춰져 있으며, 일상생활의 모든 면

---

10 2행으로 된 이슬람 고전 대구시.

에 파고듭니다.

 하지만 이러한 특징은 배후 어딘가에 중심부가 있고, 우리가 그것을 찾길 희망하며 소설을 읽기 때문에 힘을 발휘합니다. 소설이 우리에게 삶의 평범한 세부 사항, 환상, 일상의 습관과 사물을 보여 줄수록, 우리는 호기심을 갖고 경탄에 사로잡혀 읽어 나가게 됩니다. 이것들이 배후에 숨어 있는 어떤 의미, 어떤 의도를 가리킨다는 것을 알기 때문입니다. 거대하고 광활한 풍경 속 모든 세부적인 것들, 모든 잎사귀와 꽃이 관심을 끌고 호기심을 불러일으키는 이유는 그 뒤에 의미가 감춰져 있기 때문입니다.

 소설은 삼차원적 허구이기에 우리 현대인에게, 다시 말해, 모든 인류에게 강력하게 호소할 수 있는 것입니다. 소설은 삶의 가장 표면에 있는 모습, 그러니까 우리 감각이 우리에게 부여하는 사적인 경험과 지식에 대해서도 말하지만, 때로는 가장 깊숙이 숨어 있는, 그러니까 중심부에, 삶의 본질에, 톨스토이가 '삶의 의미'라고 했던 것에(우리가 뭐라고 명명하든지 간에), 다다르기는 어렵지만 우리는 그 존재를 낙관하는 그곳에 대한 지식, 직관, 실마리를 줄 수 있기 때문입니다. 삶의 본질과 관련된 가장 심오하고 가장 귀중한 지식에, 철학의 난해함이나 종교의 사회적 압력에 시달리지 않고도, 우리의 경험에서 출발하여 우리 자신의 이성으로 도달할 수 있다는 것은 우리가 상상할 수 있는 가장 평등하며 가장 민주적인 희망입니다.

나는 열여덟 살에서 서른 살 사이에, 바로 이러한 희망에 사로잡혀 소설을 아주 열심히 읽었습니다. 이스탄불에 있는 내 방에서 밤을 새워 가며 읽었던 모든 소설은 나에게 우주를 선사해 주었습니다. 그 우주는 백과사전이나 박물관 못지않게 인생의 모든 면을 세세히 알려 주었고, 나의 삶 못지않게 인간적이었으며, 오로지 철학이나 종교에서나 발견할 수 있을 심오하고 포괄적인 바람, 위로 그리고 약속 들로 가득 차 있었습니다. 나는 세계의 본질을 알고, 인간적으로 성숙해지고, 내 정신을 구체화하기 위해서, 꿈속에 잠긴 기분으로 다른 모든 것을 잊고 소설을 읽곤 했습니다.

이번 강연에서 종종 언급될 E. M. 포스터[11]는 『소설의 이해』라는 책에서 소설의 가치를 결정하는 마지막 기준은 우리가 그것에 느끼는 애착이라고 말합니다. 내게 소설의 가치는 우리로 하여금 소박하게 세계에 투사할 수 있는 중심부를 찾아 나서게 만드는 힘에 있습니다. 더 간단하게 말해, 소설의 진정한 가치는 우리에게 삶이 바로 이런 것이라는 느낌을 얼마나 이끌어 내느냐에 따라 평가되어야 합니다. 소설은 삶에 관한 우리의 중심 사상에 호소해야 하고, 그러한 기대 아래 읽혀야 합니다.

소설은 삶의 숨은 의미나 사라진 가치를 추구하고 찾아내는 데 적합한 구조이기 때문에, 소설 예술의 정신과 형태에 가

---

11 1879~1970. 영국 소설가.

장 적합한 스타일은 독일인들이 '교양소설'이라고 부르는, 젊은 주인공이 세계를 알아가면서 성숙해지는 과정을 설명하는 성장소설, 교육 소설입니다. 나는 젊은 시절 교양소설을 읽으면서 나 자신을 훈련시켰습니다.(귀스타브 플로베르의 『감정 교육』, 토마스 만의 『마의 산』을 예로 들 수 있겠지요.) 시간이 흐름에 따라 나는 소설의 중심부가 주는 기본적인 지식, 그러니까 세계가 어떤 곳이고 삶이 어떤 것이라는 지식을, 단지 중심부뿐만 아니라, 소설의 모든 곳에서 보기 시작했습니다. 어쩌면 좋은 소설이란 모든 문장이 우리에게 진정 위대한 지식을, 이 세상에서 존재한다는 것이 무슨 의미이며 감각의 본질이란 어떤 것인지를 느끼게 해 주기 때문인지도 모릅니다. 나는 이 세상에서 우리의 여행이, 그러니까 도시에서, 거리에서, 집에서, 방에서, 자연에서 지나가는 우리의 인생이 실제로 존재하는지도 불확실한, 감춰진 의미를 찾는 과정이라는 것을 소설에서 배웠습니다.

　우리는 이번 강연에서 소설이 어떻게 이 모든 무게를 짊어져 왔는지를 연구할 것입니다. 이를 위해 마치 소설을 읽을 때 중심부를 찾는 독자들처럼 또는 삶의 의미를 찾는 교양소설의 소박하고 젊은 주인공들처럼, 우리도 호기심을 가지고 진심으로 솔직하게 소설 예술의 중심부를 향해 걸어가려 노력할 것입니다. 우리는 광대한 풍경 속을 걸으며 여러 정거장을 돌아보게 될 것입니다. 우선 작가를 둘러본 다음, 소설 캐릭터로, 이야기의 구조로, 허구에 대한 개념으로, 소설 속 시간에 대한 문제로, 사물로, 관점으로, 박물관으로, 그리고 우리가 전혀 예상치 못했던 놀라운 곳으로 떠나게 될 것입니다. 마치 진짜 소설이 그러한 것처럼 말이지요.

2

파묵 씨,
당신은
이런 것들을
정말로
경험했나요?

소설을 사랑하고 소설을 습관적으로 읽는 것은 논리와 상상력, 이성과 몸이 서로 충돌하는, 중심부가 하나뿐인 데카르트주의 세계의 논리에서 벗어나고 싶어 한다는 의미입니다. 소설은 서로 모순되는 사고들을 우리가 불안감을 느끼지 않고 동시에 믿고, 동시에 이해하게 만드는 특별한 구조입니다. 이 점은 이전 강연에서 잠깐 언급한 적이 있습니다.

지금 여러분에게 진심으로 확신하지만 서로 모순되는 두 가지 믿음에 대해 말하고자 합니다. 하지만 먼저 맥락을 설명해야 할 것 같습니다. 2008년 터키에서 나의 책 『순수 박물관』이 출판되었습니다. 이 소설의 유일한 소재는 아니지만 주된 소재는 집착적인 사랑에 빠진 케말이라는 한 남자 주인공의 행동과 느낌입니다. 얼마 지나지 않아, 소설에서 주인공의 사랑이 사실적으로 설명되었다고 믿는 나의 독자들이 집요하게 다음과 같은 질문을 하기 시작했습니다. "파묵 씨, 당신은 이 모든 것들을 정말로 경험했나요? 파묵 씨, 당신이 케말인가요?"

지금 이 질문에 대해 내가 진심으로 믿고 있는, 서로 모순되는 두 가지 대답을 하겠습니다.

1. "아니요, 나는 주인공 케말이 아닙니다."
2. "하지만 나는 절대로 나의 소설을 읽는 독자들에게 내가 케말이 아니라는 사실을 확신시키지 못할 겁니다."

이 두 번째 문장은, 독자들을 설득하는 것이 나에게(그리고 다른 많은 소설가들에게도) 어려울 거라는 의미일 뿐만 아니라, 내가 주인공 케말이 아니라는 것을 증명하기 위해 그렇게 많은 노력을 할 의향이 없다는 뜻이기도 합니다. 사실 나는 독자들이(이들을 소박한 독자들이라고도 말할 수 있겠지요.) 케말이 나라고 여기리라는 것을 알면서 소설을 썼습니다. 게다가 내 머릿속 한구석에서는 독자들이 나를 케말로 여기기를 바라기도 합니다. 그러니까 내 소설이 허구로서, 상상의 산물로서 받아들여질 뿐만 아니라, 동시에 독자들이 내 이야기와 등장인물 들을 진짜처럼 여기고, 이야기의 대부분을 내가 경험했다고 생각했으면 하고 바라기도 한다는 말입니다. 내가 이런 모순되는 바람을 품고 있다고 해서 스스로 위선적이라거나 사기꾼처럼 느끼지 않습니다. 소설 쓰기란, 이 모순되는 바람을 아주 깊이 느끼면서도 전혀 문제로 여기지 않고 계속 써 나가는 것임을 나는 경험을 통해 배웠습니다.

『로빈슨 크루소』가 세상에 나왔을 때 대니얼 디포는 소설이 상상력의 산물이라는 것을 감추고, 실제 겪은 이야기라고 주장했습니다. 나중에 소설이 '꾸며 낸 이야기'라는 사실이 밝혀지자, 부끄러워하면서 '어느 정도는 허구'라고 인정했다고 합니다. 『돈키호테』, 아니 『겐지 이야기』에서부터 『로빈슨 크루소』, 『모비딕』에 이르기까지, 작가와 독자는 오늘날까지 수백 년 넘게 소설이 허구라는 합의에 도달하기 위해 애써 왔으나 여전히 완전한 성공을 거두지는 못했습니다.

    내 말을 이러한 합의가 이루어지길 원한다는 의미로 받아들이지 않았으면 합니다. 오히려 소설 예술은 독자와 작가 간에 허구에 대한 완벽한 합의가 존재하지 않기 때문에 힘이 있는 것입니다. 우리가 읽고 있는 것이 완전한 상상의 산물도 아니고, 완전한 실재도 아니라는 것은 독자도 작가도 알고 합의한 것입니다. 그럼에도 소설을 한 단어 한 단어, 한 문장 한 문장 읽어 나갈수록 독자는 일종의 의심이나 호기심에 사로잡힙니다. 독자는 작가가 분명 이와 비슷한 것을 경험했으며, 어쩌면 부분적으로 과장하거나 상상해서 썼으리라 생각합니다. 아니면 정반대로, 작가는 경험한 것만을 쓸 수 있다고 생각해 작가의 실재를 상상하기 시작합니다. 독자가 소박한지 성찰적인지에 따라, 손에 들고 있는 소설에 실재와 상상이 어느 정도나 섞여 있을지에 대해 서로 모순되는 생각을 합니다. 사실 같은 소설을 읽는다 해도 텍스트의 세부 사항이 얼마나 실재에 들어맞을지 또는 상상이 얼마나 섞여 들어갔을지 읽을 때마다 머릿속으로 서로 모순되는 생각을 하기 마련입니다.

　　어느 부분이 경험이고 어느 부분이 상상인가 하는 궁금증은 우리가 소설을 읽을 때 얻는 여러 즐거움 가운데 단지 일부에 지나지 않습니다. 이와 유사한 또 다른 즐거움은 작가가 책 서문에서, 표지 광고 문구에서, 인터뷰에서, 회고록에서 말한 것들을 읽는 것입니다. 작가들은 상상했던 일을 실제로 경험하게 되었다거나 그들이 지어낸 이야기가 실제 있었던 일이라고 독자들을 설득하려 합니다. 많은 독자가 그러하듯이, 나도 이 모든 메타 문학을, 작가가 책을 쓸 때 시도한 이론들에 대한 변명을 읽는 것을 좋아합니다. 이것들은 때때로 이론적이고 형이상학적이고 시적인 형태를 띠기도 합니다. 소설이 독자에게 미치는 영향은 신문이나 잡지에 어떤 비평이 실렸는지에 따라 달라집니다. 때로는 작가가 직접 개입하여 책이 어떻게 받아들여지고 읽혀야 하는지 관리하기도 합니다. 디포가 18세기 초반에 『로빈슨 크루소』가 실제 있었던 이야기라고 주장한 지 250년이 지난 1960년대에 블라디미르 나보코프는 미국의 길이나 대학이 배경이 된 소설들은 모두 동화로 읽어야 한다고 주장했습니다.

　　디포에서 오늘날까지 300년 동안, 소설 예술은 그것이 들어간 모든 나라에서, 시를 포함한 다른 모든 문학 형식을 추월하여 단기간에 지배적인 문학 형식이 되었고, 오늘날 허구라는 사고를 우리의 합의하에(또는 합의하지 않기로 합의하고) 서서히 사회와 국가에 퍼뜨렸습니다. 영화 산업은 소설이 발전시키고 퍼뜨린 허구라는 아이디어 위에 건설되었고, 최근에 와서 이것은 우리 모두가 받아들이거나 받아들이는 것처럼 보이는 상황으로 변했습니다. 이는 원근법에 기초한 르네상스 회화 예술이 400년 만에(사진술의 발명과 복제술의 도움을 받아) 전 세계적으로 보편화된 것에 비유할 수 있을 것입니다. 15세기 한 무리의 이탈리아 화가와 귀족 들이 세계를 보고 그림을 그린 방식이 오늘날 전 세계에서 당연하게 받아들여지면서 다른 시점과 표현 기법은 잊혔습니다. 마찬가지로, 소설과 대중 영화가 퍼뜨린 허구라는 아이디어 역시 그것의 역사적 기원도 잊힌 채 전 세계에서 자연스러운 것으로 수용되었습니다.

우리는 영국과 프랑스에서 어떻게 소설이라는 장르가 부상하고 허구라는 아이디어가 정착되었는지 조금은 알고 있습니다. 하지만 비서구 세계 작가들이 소설 예술을 수입하여 자국 독자들에게 호소하면서 발견하고 찾아낸 해결책들에 대해서는 별로 알지 못합니다. 특히 서구의 '허구'라는 개념을 어떻게 자신의 주변에 적용했는지는 더더욱 모릅니다. 이 문제와 관련해 그들이 내놓은 새로운 목소리와 형태의 핵심은 서구의 '허구'라는 개념을 현지 문화에 유용하도록 창조적으로 적용하는 것입니다. 금지와 금기 그리고 권위적인 국가의 압력에 맞서 싸울 수밖에 없는 비서구 세계 작가들은 서구에서 들여온 소설의 허구성을, 마치 한때 서구에서도 그러했던 것처럼, 드러내 놓고 표현할 수 없는 '사실'을 말하기 위해서 사용했습니다.

자신의 이야기가 '전적으로 사실'이라고 주장했던 디포와는 정반대로, 이 작가들은 자신들의 소설이 전적으로 상상의 산물이라고 말합니다. 물론 그들도 디포처럼 거짓말을 하는 것입니다. 하지만 디포처럼 독자들을 속이기 위해서 거짓말하는 것이 아니고, 자신들의 책을 금서로 묶고 자신들을 처벌할 수 있는 권력자들에게서 스스로를 지키기 위해서 거짓말하는 것입니다. 한편으로 이 작가들은 자신들의 호소가 독자들에게 읽히고 받아들여지게끔 하기 위해 자신들의 소설이 '사실'이라는 것 역시 인터뷰, 서문, 표지 광고 문구 등에서 계속해서 암시합니다. 일부 작가들은 자신들을 일종의 위선으로 몰고 가는 이러한 모순된 태도에서 비롯된 도덕적 부담을 떨쳐 버리기 위해 어느 정도 시간이 지나면 자신이 한 말을 진심으로 믿기 시작합니다. 한때 비서구 세계에서 소설 예술의 새로운 소리와 형태가 창조된 것은 이러한 정치적인 필요 때문이었습니다. 우화적으로 읽을 수 있는 소설이 여러 편 떠오르는군요. 러시아 작가 미하일 불가코프의 『거장과 마르가리타』, 이란 작가 사다크 헤다야트의 『장님 올빼미』, 일본 작가 다니자키 준이치로의 『치인의 사랑』, 아흐메트 함디 탄프나르의 『시간 조절 연구소』 같은 책들이 그러합니다.

비서구 세계 작가들은 한편으로는 소설 예술이 런던이나 파리에서 도달한 높은 '미학적' 수준을 흠모하며 모방하고, 다른 한편으로는 자신들의 나라에서 일반적으로 수용되는 허구에 대한 이해와 싸우기도 하면서("이제 유럽에서는 이렇게 쓰지 않습니다.") 소설이라는 최신 장르와 허구라는 최신 개념을 그들 나라에 들여와 사용하고 적용할 수 있게 되기를 바랐습니다. 그들은 소설을 정부와 권력의 압력에 맞설 방패로 삼고자 했고 동시에 자신들이 '사실'을 허심탄회하게 표현하는 것을 자랑스레 여기기도 했습니다. 이 소설가들은 어려운 조건을 극복하여 진정 창조적인 작가가 되는 데 성공하면, 결국 모든 오해가 풀려 독자들의 사랑을 받을 수 있을 거라 느낍니다.

19세기 말에서 시작해서 20세기 내내, 서구 밖 폐쇄적인 세계에서 소설가들이 허구라는 개념을 사용한 방식을 나라별로 작가별로 세세하게 검토할 수 있다면(무척이나 복잡하면서도 흥미진진한 이야기가 나오겠지요.) 그렇다면 우리 머리에는 두 가지가 남을 것입니다. 현실과 상상. 소설 쓰기는 독자의 기대와 체스를 두는 것입니다. 독자의 기대를 예측하고 앞서 나가는 한편, 경험한 것과 상상한 것을 노련하고 현명하게 섞는 일입니다. 현대 소설이 정착시킨 허구라는 개념이 영화 덕분에 세계적으로 널리 퍼진 후에도 디포의 유산인 '당신은 정말로 이러한 일들을 경험했습니까?'라는 물음은 여전히 사라지지 않았습니다. 오히려 이 물음은 최근 300년 동안 소설을 건재하게 하고, 매력적으로 보이게 하는 기본적인 힘 가운데 하나입니다.

영화 이야기가 나왔으니 『순수 박물관』에서 예를 들어 보고자 합니다. 나는 이 소설에서 1970년대의 터키 영화 산업에 대해서도 설명했습니다. 1980년대 초에 영화의 시나리오를 쓴 경험도 있기 때문에 실제 내가 경험한 일들도 일부 들어갔다는 사실을 소박한 의미에서, 웃음기 없는 얼굴로 고백합니다. 특히 1970년대 초에 터키 영화 산업은 대단히 호황을 누렸고 어마어마한 관객을 끌어들였습니다. 당시에는 미국과 인도 다음으로 터키가 세계에서 가장 많은 영화를 제작하는 나라라고 자랑스럽게 말하곤 했지요. 유명한 영화배우들은 자신의 이름 그대로 영화에 출연하기도 했고, 자신이 살아온 삶과 비슷한 역할을 맡곤 했습니다. 예를 들면 튀르캰 쇼라이[12]는 유명한 영화배우 튀르캰 쇼라이 역할을 했습니다. 그 후 인터뷰를 통해 자신의 진짜 삶과 영화에 반영된 삶 사이의 차이를 없애려 했습니다. 관객은, 마치 소박한 소설 독자들이 소설에 등장하는 주인공이 작가나 실제로 살아 있는 누군가를 가리키고 있다고 믿는 것처럼, 은막에 비친 튀르캰 쇼라이가 실제 튀르캰 쇼라이를 가리킨다고 진심으로 믿었고, 이 둘 사이의 차이에 관심을 기울여 어디까지가 사실이고, 어디까지가 꾸며 낸 이야기인지 알아내려 했습니다.

나도 마르셀 프루스트가 자신과 비슷한 주인공을 등장시킨 유명한 소설 『잃어버린 시간을 찾아서』를 읽을 때, 어떤 세부 사항과 어떤 이야기가 작가가 경험한 것인지 궁금했습니다. 이러한 이유로 나는 전기를 좋아하고, 영화배우와 그 역할을 연기한 사람을 혼동하는 관객의 순진함을 비웃지 않습니다. 강연 주제

12   1945~ . 터키 여배우.

와 관련하여, 소설 예술의 기본적인 특징 가운데 더더욱 흥미로운 점은 영화 관객의 순진함에 미소 짓고, 영화에서 나쁜 역할을 연기한 조연 배우들이 이스탄불 거리에서 분노한 관객들의 눈에 띄어 비난을 받고 매를 맞다 못해 심지어는 린치까지 당하는 것을 보고 폭소를 터뜨리는 '지적이고 교양 있는' 독자들조차 내게 와서는 "파묵 씨, 당신이 케말인가요? 그러한 것들을 정말 경험했나요?"라고 묻지 않고는 못 배긴다는 사실이었습니다. 이는 소설이 모든 계층과 모든 문화의 각기 다른 독자들에게 각기 다른 의미로 다가간다는 것을 환기하기에 좋은 기회입니다!

이 주제에 대해 두 번째 예를 들기 전에, 소설을 이해하기 위해서 작가의 생애를 조사하거나 작가와 주인공을 혼동하는 독자들과는 뜻을 달리한다는 사실을 밝히고자 합니다. 가끔 이 주제에 대해 얘기를 나눴던 교수인 나의 옛 친구를 『순수 박물관』 출간 직후 우연히 만났을 때 있었던 일을 들려드리지요. 나는 그가 나의 상황을 이해하리라 생각하고는 그 당시 만나는 사람마다 내게 "당신이 케말인가요, 파묵 씨?"라고 묻는다며 불평했습니다. 오랜만에 옛 친구와 소설의 배경이 되는 니샨타쉬 거리를 걷고 있을 때 이 문제에 대해 언급했지요. 우리는 미셸 푸코의 「저자란 무엇인가?」에 대해, 이상적인 내포 독자 개념에 대해, 볼프강 이저[13]에 대해, 우리 둘 다 좋아하는 움베르토 에코에

---

13 1926~2007. 독서 과정의 현상학적 분석을 발전시킨 독일 비평가.

대해(에코도 몇 년 전에 이 강좌를 맡았지요.) 얘기를 나누었습니다. 나의 예의 바른 친구는 내게 『검은 책』의 「논객 삼총사」라는 장에서 내가 언급했던, 동성애자 행세를 하면서 시를 쓴 아랍 시인 에부 노와즈에 대해, 수백 년 동안 여성적 어투로 작품을 써 온 중국 작가들에 대해 이야기했습니다. 우리는 국민의 문화 수준이 너무 낮다고 습관적으로 불평하는 비서구 세계 지식인들답게 신문들이 가십에 대한 독자들의 호기심이나 부추기고 있으니 서양의 소설과 허구라는 개념이 터키에 들어오는 게 늦어지는 거라고 그다지 분개하지도 않고 대화를 주고받았습니다.

바로 그때 나의 옛 친구가 테시비키예 사원 맞은편에 있는 한 아파트 건물 출입문 앞에서 멈춰 섰습니다. 나도 그를 따라 멈춰 서면서 의아한 눈길로 그를 바라보았습니다.

그가 말했습니다. "난 자네가 집에 간다고 생각했어."

나는 대답했습니다. "집에 가기는 가는데, 난 여기 살지 않는걸……."

"정말이야? 난 자네 소설을 읽을 때 주인공 케말이 그의 어머니와 이곳에 살고 있다고 생각했어. 그러다 나도 모르게 자네도 자네 어머니와 함께 이곳으로 이사 왔다고 생각했나 봐."

나의 교수 친구는 자신의 실수에 실소했습니다.

매사에 너그러운 노인들처럼 우리는 말없이 미소만 지었습니다. 우리는 소설이 사실만큼이나 상상에도 의거한다는 것을 잊기 때문이 아니라, 소설이 독자들에게 이런 착각을 하도록 이끌기 때문에 이런 실수를 하게 된다는 것을 깨달았습니다. 이제 우리는 바로 이것을 위해, 실재와 상상을 혼동하기 위해 소설을 읽는다는 것을 이해합니다. 그 순간 우리가 느낀 것은 소박하면서도 동시에 성찰적이 되고 싶은 바람이라고 말할 수 있겠습니다. 소설 읽기는, 마치 소설 쓰기처럼, 이러한 두 가지 정신 상태를 끊임없이 오가는 것입니다.

　이제 두 번째 강연의 진짜 주제인 '작가의 서명(署名)'에 대해 이야기하겠습니다. 하지만 먼저 첫 번째 강연에서 말했던 한두 가지를 떠올려 봅시다. 앞에서 나는 소설이 다른 모험 이야기나 서사시와 구별되는 것은 배후 어딘가에 중심부가 있기 때문이라고 말했습니다. 소설은 우리가 살아가는 일상의 작은 관찰로부터 출발하여, 처음에 약속했던 감춰진 진실로, 중심부로 우리를 데려갑니다. 이해를 돕기 위해 이 관찰을 '감각적인 경험'이라고 합시다. 창문을 열 때, 커피를 홀짝거릴 때, 계단을 올라갈 때, 도시의 인파를 헤치고 들어갈 때, 교통 체증에 걸려 차 안에서 지루해할 때, 손가락을 문에 끼였을 때, 안경을 잃어버렸을 때, 추위에 떨고 있을 때, 비탈길을 올라갈 때, 여름에 처음으로 바다에 들어갈 때, 아름다운 여자와 만났을 때, 어렸을 때 먹던 비스킷을 다시 먹었을 때, 전혀 알지 못했던 꽃의 향기를 처음 맡았을 때, 키스할 때, 난생처음으로 바다를 보았을 때, 질투심에 휩싸였을 때, 차가운 물 한 잔을 마셨을 때 경험한 고유한 느낌이 다른 사람들의 비슷한 경험들과 겹쳐진다는 사실은 소설을 이해하고 즐기는 데 바탕이 됩니다.

눈 오는 밤 안나 카레니나가 기차에서 책을 읽으려고 애쓰는 부분을 읽으면서 우리는 이와 비슷한 감각적인 경험을 했다는 것을 떠올립니다. 우리도 어쩌면 밖에 눈이 올 때 야간열차를 타고 여행한 적이 있을 것입니다. 우리도 어쩌면 머리가 이런저런 상념으로 가득 차 있어서 소설을 제대로 읽지 못한 적이 있을 것입니다. 이것들을 전적으로 톨스토이가 설명한 것처럼, 예를 들면 모스크바-상트페테르부르크 간 기차에서 경험하지는 않았을 겁니다. 하지만 그래도 등장인물들과 감각적인 경험을 공유할 만큼은 우리에게도 감각적인 경험이 있습니다. 이 일상생활을 공유한다는 느낌은 소설의 보편적 힘이 되기도 하고 한계가 되기도 합니다.

안나 카레니나가 야간열차에서 느꼈던 것들은 우리가 경험한 어떤 것들과 우리를 매료시킬 정도로 비슷할 뿐만 아니라 다르기도 합니다. 삶에서 연유하는 이 세부적인 감각은 '오로지 경험으로만' 얻을 수 있기에 톨스토이가 안나 카레니나를 통해 우리에게 자신의 인생 경험을, 자신의 감각적 세계를 설명했다는 것도 우리는 머릿속 한구석에서 알고 있습니다. 플로베르의 사랑받는 인용구 "내가 보바리 부인입니다."라는 말이 의미하는 것은 바로 이것일 겁니다. 플로베르는 여자도 아니고, 결혼하지도 않았고, 주인공과 비슷한 삶을 살지도 않았습니다. 하지만 그는 그녀의 감각적인 경험들을(그녀의 불행, 화려한 삶에 대한 갈망,

지리멸렬한 시골 생활, 중산층의 현실과 환상 사이의 가슴 아픈 간극을) 그녀처럼 경험했고, 그녀처럼 보았습니다. 그리하여 자신의 관점을 보바리 부인의 관점을 통해 설득력 있게 표현했습니다. 하지만 작가의 이 모든 재능과 역량에도 불구하고, 아니 어쩌면 바로 그런 이유로 실제 있었던 일처럼 보이는 이 모든 세부 사항들이 사실은 플로베르의 상상일 수도 있겠다고 우리는 때로 느끼곤 합니다.

세부 사항들이 정확하고 분명하고 아름답게 묘사될 때면 우리는 "맞아, 정확히 이래, 바로 이거야."라고 감탄합니다. 이러한 묘사를 통해 독자들은 상상 속에서 장면을 떠올리고 작가에게 열광하게 됩니다. 또한 우리가 좋아하는 작가가 모든 것을 마치 실제 경험한 것처럼 설명할 수 있으며, 전혀 경험하지 않았던 것도 실제 경험한 것처럼 우리를 설득할 수 있을 거라고도 느낍니다. 이러한 착각을 불러일으키는 힘을 작가의 '역량'이라고 합시다. 이 역량은 정말로 멋진 것이며, 소설가의 존재를 잠깐이 아니라 전적으로 잊고 소설을 읽는 것은 불가능할 뿐만 아니라, 무척이나 재미없는 일이라는 것을 한 번 더 환기하고자 합니다. 그 어떤 소설을 읽건 내내 작가를 잊는 것은 불가능합니다. 왜냐하면 우리는 소설의 감각적 세부 사항들을 항상 우리의 경험과 비교하고, 그렇게 얻은 지식을 바탕으로 우리 머릿속에 그림을 그리기 때문입니다. 소설 읽기의 기본적인 즐거움 가운데 하나는 마치 기차에서 소설을 읽는 안나 카레니나가 그랬던 것처럼,

우리 자신의 삶과 다른 사람의 삶을 비교하는 것입니다. 전적으로 상상에 의존한 것처럼 보이는 소설이라 해도 마찬가지입니다. 역사 소설, 판타지 소설, 공상과학 소설, 철학 소설, 연애 소설, 그리고 이것들의 혼합인 다른 많은 소설도 사실주의 소설과 마찬가지로, 소설가가 쓰고자 하는 시대의 일상생활에 대한 관찰에 바탕을 둡니다.

우리가 어떤 소설에 전적으로 몰입했을 때, 소설 표면에 있는 복잡한 풍경 가운데 깊숙이 내재된 의미를 찾고, 주인공들의 감각적인 경험으로부터(사람들의 대화와 일상의 사소한 세부 사항들을 통해 세계가 그들 눈에 어떻게 보이는지 발견하면서) 즐거움을 느낄 때 작가의 존재를 잊을 수 있습니다. 심지어는 우리 손에 들린 소설이 어떤 작가에 의해 계산되고 계획되어 쓰였다는 사실조차 완전히, 소박하게 잊을 수도 있습니다. 소설 예술의 강력한 특징은, 우리가 작가를 가장 많이 잊는 순간, 그가 텍스트에서 가장 큰 영향력을 발휘한다는 것입니다. 왜냐하면 작가를 잊는 순간, 작가의 세계가 자연스럽고 실재라고 느끼며, 작가의 '거울'을 완벽하고 자연스러운 거울(여기서 유행이 지난 비유를 사용하고 싶습니다.)이라 여기기 때문입니다. 물론 완벽한 거울은 없습니다. 단지 우리의 기대에 완벽하게 부응하는 거울만이 있을 따름입니다. 소설을 읽기로 결심한 모든 독자는 자신의 취향에 따라 하나의 거울을 선택합니다.

완벽한 거울이 없다고 할 때, 단지 문체 차이에 대해 언급하는 것만은 아닙니다. 지금 우리의 주제는 모든 문학을 가능하게 하는 다른 어떤 것입니다. 햇빛이 들어오도록 커튼을 열 때, 도무지 오지 않는 엘리베이터를 기다릴 때, 어떤 방에 처음으로 들어갈 때, 양치질할 때, 천둥소리를 들을 때, 혐오하는 사람에게 미소 지을 때, 나무 그늘에서 깜박 잠이 들 때 우리가 느끼는 것은 서로 비슷하기도 하지만 저마다 다릅니다. 유사성은 우리로 하여금 문학을 통해 모든 인류를 상상하게 하고, 세계 문학에 대한 생각으로 이끕니다. 하지만 마신 커피 잔을, 떠오르는 태양을, 첫사랑을 모든 소설가가 각기 다르게 경험하고, 각기 다르게 표현합니다. 이러한 상이성은 소설가의 모든 등장인물에게 이어져, 작가 고유의 문체와 서명을 이루는 배경이 됩니다.

한번은 이스탄불에서 내 이모 또래이고 분위기도 이모와 비슷한 여성이 내게 다가와 "파묵 씨, 당신의 모든 책을 읽었습니다. 내가 당신을 얼마나 훤히 꿰뚫고 있는지 알게 되면 놀랄걸요."라고 말한 적이 있습니다.

알 수 없는 죄책감과 부끄러움에 사로잡힌 순간 그녀와 눈이 마주쳤고, 나는 그녀가 무슨 말을 하고 싶었는지 알 것 같았습니다. 나보다 거의 한 세대 위이며 폭넓은 인생 경험을 한 부인의 말 한마디에 그때 왜 그렇게 부끄러웠는지 모르겠습니다. 그녀의 의미심장한 눈빛이 계속 떠올라 내가 느낀 혼란의 이유를 찾아보려 애썼습니다.

내 이모 또래의 여성 독자가 "당신을 알고 있어요."라고 말할 때의 의미는 내 인생에 대해, 내 가족에 대해, 내가 어디 살고 어떤 학교에 다녔고 누구와 결혼했으며, 어떤 소설들을 쓰고 어떤 정치적 어려움을 겪었는지에 대해 안다는 뜻이 아닙니다. 또한 내가 『이스탄불 — 도시 그리고 추억』이라는 책에서 도시와 관련지어 설명하려 했던 나의 사적인 삶, 나의 사적인 버릇, 나의 성격이나 세계관에 대해 말한 것도 아니었습니다. 나이 든 부인이 나의 이야기와 등장인물들의 이야기를 혼동하는 것도 아니었습니다. 더 깊고, 더 은밀하고, 더 감춰진 무엇인가에 대해 말하는 분위기였고, 나는 그녀를 이해한다고 느꼈습니다. 통찰력 있는 부인이 나에게 알려 준 것은, 내가 나의 모든 책에서 나의 모든 캐릭터들에게 나도 모르게 전파했던 나의 감각적인 경험들이었습니다. 여름비가 내린 후 흙냄새를 맡을 때, 시끄러운 식당에서 술에 취했을 때, 돌아가신 아버지의 틀니를 만질 때, 사랑에 빠진 자신을 후회할 때, 사소한 거짓말을 둘러댈 때, 관청에서 땀에 젖은 서류를 들고 줄을 서서 기다릴 때, 골목에서 축구 하는 아이들을 볼 때, 이발할 때, 이스탄불에서 청과물 가게에 걸린 파샤의 사진과 과일들을 볼 때, 운전면허 주행 시험에서 떨어졌을 때, 여름이 끝날 무렵 휴양지가 텅 비어 쓸쓸할 때, 어느 집을 방문해 밤이 깊었는데도 도무지 자리를 박차고 일어나지 못할 때, 병원에서 진찰 순서를 기다리다 시끄러운 텔레비전을 끌 때, 옛날에 군 복무를 함께 했던 친구를 우연히 만났을 때, 즐거운 대화 도중에 침묵이 흐를 때 내가 느꼈던 것을, 나는 나의 등장인물들에게 반영하여 나의 모든 소설에서 설명했습니다. 나의 독자들이 나의 등장인물들의 모험을 보며 내가 경험한 일이라고 생각해도 나는 부끄럽지 않았습니다. 왜냐하면 그것이 사실이 아닐 뿐만 아니라, 이 주장에 반박하여 나를 보호할 허구에 관한 이론이 내게 있었기 때문입니다. 그리고 나는 소설 이론이 실재로부터 상상의 독립성을 지켜 주기 위해 존재한다는 것을 알고 있었습니다. 하지만 영리한 어떤 독자가 나의 소설에서, 그것들을 '나의 것으로 만든' 나의 진짜 삶의 경험을 감지했다고 말하면, 나는 내 영혼에 대한 은밀한 고백이라도 한 것처럼, 그 고백을 다른 사람들이 읽기라도 한 것처럼 부끄러웠습니다.

자신의 은밀한 비밀을 위르겐 하버마스가 '공론장'이라고 부른 곳에 털어놓는 일도 없고, 아무도 장 자크 루소의 『고백록』 같은 책을 쓰지 않는 모슬렘 국가에서 독자들에게 내 이야기를 털어놓았기에 더 부끄럽게 느껴지는 듯합니다. 솔직히 말해, 나는 단지 반폐쇄적인 사회뿐만이 아니라 전 세계 곳곳에서도 나 자신의 감각적인 경험들과 관련된 많은 것을 독자들과 나누고 싶고, 그것을 허구의 등장인물들을 통하여 반영하고 싶었습니다. 모든 소설가의 작품은 삶에 관한 수많은 작은 관찰들을, 개인적인 감각에 의거한 삶의 경험들을 전시하는 별자리와도 같습니다. 문 하나를 여는 것에서 옛 애인을 기억하는 것까지, 인간적인 온갖 세부 사항을 포괄하는 이 감각적인 순간들은 소설에서 다른 그 어떤 것으로 환원될 수 없는 영감의 순간들을, 개인적인 창조성의 지점들을 구성합니다. 덕분에 작가가 경험에서 직접 얻은 지식 또는 흔히 말하는 소설의 세부 사항이라는 것도 상상력과 분리하기 어려운 형태로 결합되어 있습니다.

카프카가 친구인 막스 브로트에게 자신이 죽은 후 발표되지 않은 원고들을 불사르라고 했던 말을 우리가 보르헤스식으로 해석할 수 있음을 기억합시다. 카프카는 그 유언을 남기면서 사실 브로트가 자신의 책들을 불사르지 않으리라고 생각했습니다. 브로트도 자신이 그렇게 생각했다는 것을 카프카가 알고 있다고 생각했습니다. 카프카도 자신이 그렇게 생각했다는 것을 브로트가 알고 있다고 생각하고 있었습니다…….

소설에서 어느 부분이 경험한 것이고, 어느 부분이 상상한 것인지에 대한 모호성 역시, 독자와 작가 사이의 거울들 사이로 떨어지는 상황을 창출합니다. 작가는 세부 사항을 쓸 때마다 독자가 그 세부 사항이 작가의 경험이라고 생각하리라 생각합니다. 독자도 작가가 그 세부 사항을 경험했다고 여겨지리라 생각하며 썼다고 생각합니다. 작가도, 독자가 이런 생각을 하리라 생각하며 그 세부 사항들을 썼다고 독자가 생각하리라 생각합니다. 이와 같은 거울 놀이는 독자와 작가 사이에서, 작가의 상상력을 통해 계속해서 진행됩니다. 작가는 한 문장을 쓸 때, 독자가 자신이 그런 상상을 했다고 생각하리라(실제 그렇든지 아니든 간에) 추측합니다. 독자도 이 추측을 추측하며 계속 읽어 나갑니다. 작가도 어차피 자신이 추측하리라는 것을 독자가 추측하리라 추측하며 그 문장을 씁니다. 독자도 마찬가지로…….

우리는 이 거울 놀이가 주는 불안감을 안고 소설을 읽습니다. 어느 부분이 있었던 일이고, 어느 부분이 상상인지에 대해 분명히 합의할 수 없는 것처럼, 소설의 허구에 대해서도 독자와 작가는 전혀 합의하지 못합니다. 우리는 이 불일치를 문화 차이로 설명하기도 하고, 독자의 소설 이해와 작가의 소설 이해가 다르기 때문이라고도 말합니다. 『로빈슨 크루소』 이후로 거의 300년이 흘렀지만 우리는 소설가와 독자 사이에 여전히 허구에 대한 공통된 이해가 없다고 불만을 토로합니다.

하지만 이것이 전적으로 사실은 아닙니다. 이 불만들은 인위적인 것이고, 소설 쓰기 게임의 일부일 뿐입니다. 왜냐하면 소설에 관심을 갖는 사람은 모두, 가장 소박한 작가에서 가장 성찰적인 독자에 이르기까지 모두, 소설을 쓰거나 읽는 사람이라면 모두, 마음 한구석에서 소설이란 이 아찔하고 모호한 느낌 때문에 읽는 것임을 알기 때문입니다. 작가와 독자 사이의 허구에 대한 공통된 이해가 없기 때문에 소설 예술은 살아 있을 수 있는 것입니다. 이 불일치와 거울 사이로 떨어지는 느낌은 소설 예술을 데카르트주의 세계의 논리에서 벗어나 사고하고 상상하여 모든 사람을, 모든 것을 자유롭게 이해하고자 하는 인간의 열망에 호소합니다.

이 모호함이 얼마나 중요한지 보여 주기 위해 마지막 사례를 들어 보고자 합니다. 어떤 작가가 자신의 경험에 극히 충실하게 일인칭 시점으로 자신의 인생 이야기를 썼다고 상상해 봅시다. 그리고 약삭빠른 출판업자가 이 책을 '소설'로 출판했다고 가정해 봅시다.(이런 출판업자는 아주 많습니다.) 이 책이 자서전이 아니라 '소설'로 출판되는 순간, 우리는 그 책을 작가의 의도와는 아주 다른 논리로 읽기 시작합니다. 우선 중심부를 찾기 시작합니다. 그리고 세부 사항들이 얼마나 사실적인지, 어디까지가 경험이고, 어디까지가 상상인지 자신에게 묻기 시작합니다.

나는 여기서 소설 쓰기와 읽기가 주는 즐거움이 두 부류의 독자들에 의해 완전히 망쳐진다는 것을 덧붙입니다.

1. 전적으로 '소박한' 독자들 : 이 사람들 손에 들린 책이 소설이라고 아무리 경고해도 소용없습니다. 이들은 텍스트를 작가의 자서전 또는 경험담을 약간 고친 연대기라고 생각합니다.

2. 전적으로 '성찰적인' 독자들 : 이 사람들 손에 들린 책이 작가의 가장 솔직한 감정과 생각을 바탕으로 했다고 아무리 경고해도 소용없습니다. 이들은 모든 텍스트가 철저한 계산 아래 만들어진 허구라고 믿습니다.

나는 여러분에게 이런 사람들을 절대 멀리하라고 경고하고 싶습니다. 왜냐하면 이들은 소설 읽는 즐거움을 전혀 모르기 때문입니다.

3

소설의
캐릭터,
플롯,
시간

젊은 시절 나는 소설을 진지하게 여기면서 삶을 진지하게 생각하는 법을 배웠습니다. 순문학 소설은 모든 것이 우리 손에 달려 있으며 우리의 개인적인 결정들이 모여 우리 삶의 형태를 갖춘다는 것을 보여 줌으로써 우리에게 삶을 진지하게 생각해야 한다고 말합니다. 인생에서 선택의 여지가 적은 폐쇄적·반(半)폐쇄적인 전통 사회에서는 소설 예술이 발전하지 못했습니다. 하지만 일단 소설 예술이 발전하게 되면 소설은 인간의 사적인 특징, 감각, 선택 들에 대한 치밀하게 구성된 문학 서사를 제시함으로써 사람들로 하여금 자신의 삶을 돌아보게끔 이끕니다. 전통적인 서사를 제쳐 두고 소설을 읽기 시작하면, 사람들은 신, 황제, 장군, 군대, 국가뿐만이 아니라, 자신의 세계와 선택도 중요할 수 있다는 것을 느끼게 됩니다. 더 놀라운 사실은 우리 자신의 감정과 생각에 대해서도 흥미를 느끼게 된다는 것입니다.

젊은 시절 나는 끊임없이 소설을 읽으며 자유와 자신감이라는 감각을 충격적으로 경험했습니다.

소설의 등장인물들은 필연적으로 이 지점에서 풍경으로 들어갑니다. 왜냐하면 소설 읽기는 세상을 등장인물의 눈과 정신과 영혼을 통해 보는 것이기 때문입니다. 낭만시, 서사시, 메스네비, 장시 같은 현대 이전의 서사들은 세상을 독자의 관점에서 묘사합니다. 이러한 전통 서사에서 주인공은 어떤 풍경 속에 있고, 우리 독자들은 외부에 있습니다. 소설은 우리를 풍경 속으로 초대하고, 우리는 세상을 그 안에 있는 등장인물의 관점에서, 그의 감각을 통해서, 그리고 가능하다면 그의 단어를 통해서 봅니다.(역사 소설은 등장인물이 해당 시대의 맥락 안에서 단어들을 사용해야 하므로 표현에 한계가 있습니다. 하지만 인위성과 한계를 나타내는 장치가 분명하다면 역사 소설은 성공할 수 있습니다.) 등장인물의 눈으로 볼수록 세계는 우리에게 더 친근하게 느껴지고 쉽게 이해됩니다. 소설 예술의 거부할 수 없는 힘은 이 친근함에서 나옵니다. 하지만 진짜 주제는 소설 주인공들의 '캐릭터'가 아니라, 세계의 속성입니다. 주인공들의 삶, 세상 속에서 그들이 차지한 위치, 그들이 이 세상을 살아가며 순간순간 보고 느끼는 방식 등이 순문학 소설의 소재가 됩니다.

일상생활에서 우리는 우리 도시로 발령이 난 새 주지사의 캐릭터를 궁금해합니다. 우리 학교에 새로 온 선생님의 캐릭터도 궁금해합니다. 이 선생님은 자주 때리나? 성격은 자상한가?

점수는 짜게 줄까? 같은 사무실을 쓰는 새 직장 동료의 캐릭터도 우리의 삶에 많은 영향을 끼칩니다. 우리는 이 사람들의 외모보다는 '캐릭터', 더 정확히 말하자면, 기질이나 습관을 궁금해합니다. 우리 부모님의 캐릭터가 우리에게 얼마나 영향을 끼치는지 우리 모두 알고 있습니다.(물론 그들의 재산 정도, 교육 정도에 더 많이 좌우되기는 합니다만.) 우리가 누구와 결혼하게 될 것인가 하는 문제는, 우리 삶에서나 이야기에서나(제인 오스틴 시대에서 오늘날까지, 『안나 카레니나』에서 오늘날의 대중 영화까지) 필수적인 소재입니다. 이런 예를 드는 이유는 인생은 힘겹고 어려운 것이기 때문에 우리 주위에 있는 사람들의 기질이나 습관에 으레 강한 호기심을 가지게 된다는 것을 환기하기 위해서입니다. 물론 그 호기심의 원천은 전혀 문학적이지 않지요.(풍문이나 소문에 귀를 쫑긋 세우는 것이 바로 이 호기심 때문입니다.) 소설에서 캐릭터가 두드러질 때도 호기심에서 그 힘을 얻습니다. 하지만 이 호기심은 최근 150년 동안 소설에서 실제보다 지나치게 많은 자리를 차지해 왔으며, 제멋대로이고 천박하게 변했습니다.

호메로스가 보기에 캐릭터는 항상 한결같고 명확한 어떤 속성, 출중한 특징입니다. 겁에 질려 결단을 내리지 못하는 순간에도 오디세이는 '숭고한 가슴을 지닌 사람'입니다. 반면에 에블리야 첼레비[14]는 사람들의 캐릭터를, 마치 자신이 여행한 도시들

---

14 1611~1683? 오스만 제국의 유명한 여행가.

의 기후, 수질, 지형 같은 환경적 요인의 일부로 보곤 했습니다. 에블리야 첼레비는 '트라브존의 기후는 비가 많이 오며 그곳 사람들은 거칠다.'와 같은 말을 했습니다. 오늘날 우리는 같은 도시에 사는 사람들이 전부 같은 캐릭터를 가지고 있다는 발상에 그저 미소로 반응합니다. 하지만 오늘날 매일 수천만 명이 읽는 신문의「별자리 운세」는 같은 시기에 태어난 사람들은 같은 캐릭터를 가지고 있다는 순진한 관점에 의거하고 있습니다.

처음 문학적 글쓰기에서 시작되어 이후 19세기 소설에서 발전한 근대적 캐릭터라는 개념 뒤에는 셰익스피어가 있다고 많은 사람이 믿듯이 나도 믿습니다. 셰익스피어와 셰익스피어 비평은 수백 년 동안 고정되었던 캐릭터들이 기본적이며 유일한 특징, 역사적이거나 상징적인 일차원적 역할에서 벗어나게 했고(몰리에르의 희곡『수전노』의 주인공은 능수능란한 언변에도 불구하고 언제나 수전노일 뿐입니다.) 서로 갈등하는 충동과 조건으로 빚어진 복잡한 독립체로 만들었습니다. 표도르 도스토옙스키의 인간 본성에 대한 이해는 인간이라는 현대적 개념의 완벽한 실례로서, 다른 어떤 것으로 쉽사리 단순화시킬 수 없는 복잡한 특징들의 집합입니다. 하지만 도스토옙스키의 작품에서 '캐릭터'는 삶의 모든 면보다 더 강력하고 더 결정적이며, 소설을 지배해 뚜렷한 흔적을 남깁니다. 우리는 삶이 아니라 주인공들을 이해하기 위해서 도스토옙스키를 읽습니다.『카라마조프 가의 형제들』이라는 위대한 소설을 읽고 논쟁하는 것은 세 형제와 이복동생을 통해 네 가지 인간 유형에 대해, 네 가지 캐릭터에 대해 논쟁하는 것입니다. 실러의 소박하고 성찰적인 캐릭터 논쟁에서 밝힌 것처럼, 우리는 도스토옙스키의 작품에 푹 빠져서 읽지만 동시에 인생이 전적으로 이렇지는 않다고 생각합니다.

 19세기 들어 과학이 발견해 낸 '자연의 법칙'과 그 후 등장한 실증주의 철학의 영향을 받아 소설가들은 현대인의 비밀스러운 영혼을 탐구하는 것이 자신들의 의무라 여기게 되었고, 인상적인 주인공, 일관된 캐릭터, 사회의 다양한 측면을 대표하는 '유형'을 창조했습니다. 포스터는 19세기 소설의 성공과 특징을 논한 『소설의 이해』라는 대단히 영향력 있는 책에서 소설 속 주인공들의 캐릭터와 다양성이라는 주제에 가장 많은 지면을 할애하면서, 그들을 분류하고 그들이 어떻게 발전해 왔는지 설명했습니다. 소설가가 되고 싶다는 열망에 사로잡혀 있던 이십 대에 이 책을 읽었을 때, 나는 한편으로는 인간의 '캐릭터'가 현실 삶에서는 포스터가 문학에서 강조한 것만큼 중요하진 않다고 생각했지만, 소설에서 중요하다면 삶에서도 중요할 게 틀림없으며, 어차피 난 인생을 모른다고 생각했습니다. 다른 한편으로는 훌륭한 소설가는 톰 존스[15], 이반 카라마조프, 보바리 부인, 고리오 영감, 안나 카레니나, 올리버 트위스트 같은 잊지 못할 주인공을 창조해야 한다는 결론을 도출하곤 했습니다. 그때 이후로 이것

---

15 고아 소년의 파란만장한 모험담을 그린 동명 소설의 주인공.

을 나의 과제로 삼고 글을 써 왔지만 아직 나의 소설 제목에 주인공의 이름을 붙이지 못했습니다.

소설 주인공들의 기이함과 불멸성에 보이는 지나치고 불균형한 관심은 소설이 전파될 때처럼, 유럽에서 전 세계로 퍼졌습니다. 19세기 말에서 20세기 전반에 걸쳐 비서구 세계 소설가들은 자국의 사람과 이야기 들을 소설이라는 외국 장난감을 통해 '바라보면서', 자국의 이반 카라마조프나 돈키호테를 창조해야 한다는 의무감을 느꼈습니다. 1950년대와 1960년대 터키 비평가들은 자신들이 좋아하는 농촌 소설가들을 칭찬하면서 '가난한 터키 마을에도 햄릿이나 이반 카라마조프가 존재할 수 있다는 것을 우리에게 보여 주었다.'라며 자랑스러워하곤 했습니다. 발터 베냐민이 찬탄해 마지않던 러시아 작가 니콜라이 레스코프의 가장 걸출한 소설이 『러시아의 맥베스 부인』이라는 사실은 당시 이러한 현상이 얼마나 널리 퍼져 있는지 상기시켜 줍니다.(사실 이 소설은 『맥베스』보다는 『마담 보바리』의 영향을 받아 쓰였습니다.) 비서구 세계 작가들은 서구의 문화 중심에서 창조된 캐릭터들을 정형화된 틀로 여기고 소설 예술이 새로이 싹트는 비서구 세계로 — 마치 마르셀 뒤샹[16]의 기성품을 활용한 예술품처럼 — 옮겨 온 다음, 자국민들의 '캐릭터'도 서구인들처럼 심오하고 복잡하다는 자긍심과 위안을 느꼈습니다.

16 1887~1968. 프랑스 화가, 조각가.

이렇게 해서 전 세계 문학가와 비평가 집단은 우리가 소설에서 '캐릭터'라고 하는 것은 인간 상상의 산물이자 인위적인 개념이라는 사실을 오랜 세월 동안 잊은 것 같습니다. 실러가 사물들의 '인위적'인 면을 보지 못하는 사람에게 '소박'하다고 했던 것을 다시 한 번 떠올리고, 소설 주인공이 가진 캐릭터의 인위성 문제에 대해 전 세계 문학이 왜 이렇게 침묵하고 '소박'하게 있었는지, 우리도 소박하게 우리 자신에게 물어봅시다. 20세기 전반기에 '과학적'이라는 아우라를 획득하고 작가들 사이에 마치 병처럼 빠르게 전염되었던 심리학에 관한 관심 때문일까요? 모든 인간은 어딜 가나 똑같다고 여기는 순진하고 제멋대로인 인본주의적 광기 때문일까요? 독자가 적은 주변부 문학에 대한 서구 문학의 패권주의적 우월성 때문일까요?

가장 널리 받아들여지는 이유는 소설을 집필할 때는 문학 캐릭터들이 플롯, 배경, 주제를 지배하기 때문이라는 것입니다.(이것은 포스터가 가장 널리 지지받는 이유기도 합니다.) 거의 신비주의에 닿아 있는 이 관점을 많은 작가가 마치 전설을 믿듯 믿습니다. 소설가들이 생각하기에, 그들에게 무엇보다도 중요한 임무는 주인공을 발명하는 것입니다! 작가가 성공적으로 주인공을 만들고 나면, 주인공이 소설가에게 소설에서 무슨 일이 일어날지를 연극의 프롬프터[17]처럼 속삭여 준다는 것입니다. 심지

---

17 관객이 볼 수 없는 곳에서 대사를 알려 주는 사람.

어 포스터는, 우리 소설가들이 소설에서 무슨 이야기를 해야 할지를 이 문학 캐릭터에게서 배워야 한다고 넌지시 내비치기까지 합니다. 그러나 이 관점은 우리 삶에서 인간 캐릭터의 중요성을 증명하지 못합니다. 단지 많은 소설가가 사건의 구조와 이야기를 완전히 알지 못하는 상태에서 소설을 쓰기 시작하며, 그런 식으로만 소설을 쓸 수 있다는 것을 보여 줄 뿐입니다. 여기서 예술로서, 기예로서 소설 쓰기와 읽기에서 가장 도전적인 측면이 드러납니다. 소설은 길어질수록, 모든 세부 사항을 계획하고, 기억하고, 소설의 중심부를 창조해 내기가 어려워집니다.

주인공과 주인공의 특색을 소설의 심장부에 배치하는 이 관점은 비판 없이 순진하게 받아들여졌습니다. 문예창작과에서는 이것을 소설 쓰기의 규칙으로 가르치기도 합니다. 우리가 '캐릭터'라고 부르는 인간은 역사적으로 가공된 존재이며, 소설 주인공의 캐릭터 역시 우리가 믿기로 선택한 책략일 뿐이라는 것을 보여 주기 위해, 나는 이번 강연을 준비하며 미국의 큰 대학 도서관을 여러 군데 드나들었지만 그리 많은 것을 찾지 못했습니다. 소설 주인공들은 불멸의 캐릭터라는 웅변조의 말들은, 마치 우리가 현실 삶에서 알고 있는 사람들의 '캐릭터'에 관한 풍문들처럼, 그저 대부분 허망한 말들일 뿐입니다.

나는 소설 예술의 본질적인 목표는 삶을 정확하게 그려 내는 것이라고 믿는 사람이니만큼 단도직입적으로 말하겠습니다. 사실 인간에게 소설, 특히 19세기와 20세기 소설에 나오는 '캐릭터'는 없습니다. 나는 이 글을 쉰일곱에 쓰고 있습니다만, 나 자신에게서도 소설에 나오는 것 같은 — '유럽 소설에 나오는 것 같은.'이라고 해야 할까요? — '캐릭터'를 전혀 찾지 못했습니다. 더욱이 우리의 삶을 구체화할 때 인간의 캐릭터는 서구의 소설과 문학 비평에서 제시하는 것만큼 중요하지도 않습니다. 캐릭터를 창조하는 것이 소설가의 첫 목표라는 말은 우리네 삶에 들어맞지 않습니다.

그럼에도 어떤 캐릭터의 소유자가 되는 것은, 마치 르네상스 이후 회화에서 어떤 스타일의 소유자가 되는 것처럼, 차별성을 획득한다는 뜻입니다. 현대 세계에서 다른 사람들과 구분된다는 것은 훌륭한 장점입니다. 하지만 소설 캐릭터보다 더욱 결정적으로 중요한 것은 그들이 어떻게 주변 풍경과 사건과 배경에 녹아들어 가느냐 하는 문제입니다.

소설을 쓸 때 나의 내면에서 가장 처음 고개를 드는 강한 충동은, 내가 알고 있는 일련의 소재들을 단어를 통해 '보는' 것입니다. 그러니까 한 번도 말로 표현된 적 없는 삶의 어떤 지대를 탐색해 나와 같은 세상에 사는 많은 사람이 겪는 상황, 생각, 느낌을 처음으로 단어로 옮기는 것입니다. 먼저 내 머릿속에는 사람, 사물, 이야기, 이미지, 상황, 신념, 역사가 있습니다. 그리고 이 모든 것이 나란히 한데 모여 형성된 어떤 짜임이 있습니다. 이 짜임을 위해 상상한 일련의 뜨개질 본도 있습니다. 극적으로 표현하고 강조하고 심화시키고 싶은 상황들도 있습니다.

캐릭터가 강하건 (내 소설에 나오는 것처럼) 약하건 간에, 나는 소설의 등장인물들을 통해 새로운 지대와 아이디어를 탐색할 필요성을 느낍니다. 내 소설 속 주인공의 캐릭터는 마치 실제 삶이 그러한 것처럼, 그 안에서 경험했고 경험하게 될 이야기와 상황들을 통해 결정됩니다. 소설에서 이야기 또는 플롯은 설명하고 싶은 여러 상황을 연결하는 어떤 선이며, 주인공은 이 상황들을 거치며 실체가 구체화되는 한편, 이러한 상황들이 잘 설명되도록 도와주는 사람입니다.

나는 소설 주인공이 나와 닮았든 그렇지 않든 간에 온 힘을 다해 동일시하려고 노력합니다. 소설 속 세계를 그들의 눈으로 보기 위해 그들을 상상하면서 서서히 실체를 완성해 나갑니다. 소설 예술에서 가장 결정적인 문제는 소설 주인공들의 개성이나 캐릭터가 아니라, 소설 속 세계가 그들 눈에 어떻게 보이냐는 것입니다. 어떤 사람을 이해하고 도덕적 판단을 내리려면, 우선 세계가 그 사람의 관점에서 어떻게 보이는지를 이해해야 합니다. 그러려면 지식뿐만 아니라 상상력도 필요합니다. 소설가로서 나의 주된 임무는 모든 등장인물과 되도록 일일이 동일화되고, 그들 눈에 보이는 것이 내 소설의 세계라는 것을 절대 잊지 않으려고 노력하는 것입니다. 소설 예술을 정치적으로 만드는 순간은 소설가가 정치적 관점이나 소속 정당을 드러낼 때가 아니라, 문화, 계층, 성별 등에서 우리와 전혀 다른 누군가를 이해하려 노력할 때입니다. 도덕적·문화적·정치적 판단을 내리기에 앞서 공감을 통해 동일화가 이루어지기 때문입니다.

작가가 주인공들과 동일화되는 작업에는 천진한 면도 있습니다. 한 문장 한 문장 소설을 써 나갈 때 특히 더 그러합니다. 물론 천진하지만 '소박'하지는 않습니다. 주인공들과 일일이 동일화될 때 나의 심리 상태는 어린 시절 혼자 놀 때와 비슷합니다. 모든 아이가 그러하듯 나도 나 자신을 다른 사람 위치에 놓고 상상했습니다. 상상의 세계에서 나는 예니체리[18] 군인이었고, 유명한 축구 선수였고, 위대한 영웅이었습니다.(장폴 사르트르는 자서전 『말』에서, 천진한 '것처럼 하는 것'과 저술 사이의 유사성을 시적으로 규명했습니다.) 소설을 쓰며 구조를 이리저리 바꿔 보는 것도 나의 글쓰기에 또 다른 천진한 즐거움을 줍니다. 소설을 써서 생활비를 벌기 시작한 이래 25년이 흘렀지만, 어린 시절에 하고 놀았던 놀이와 유사한 직업을 가지게 되어서 참 다행이라고 종종 생각합니다. 소설 창작에는 수많은 어려움이 있고 대단한 노력이 필요하지만 내게는 항상 아주 즐거운 일입니다.

이 동일화 과정은 천진하지만 전적으로 '소박'하지는 않습니다. 왜냐하면 이것이 내 이성 전체를 지배하지는 않기 때문입니다. 내 이성의 한편에서 나의 주인공들처럼 목소리를 내고 행동하면서 다른 사람이 되는 일로 바쁠 때, 그리하여 점차 그 인물 속으로 들어가려 할 때, 내 이성의 다른 한편에서는 소설 전

---

[18] 오스만 제국의 중앙 상비군.

체를 주의 깊게 살피고, 전반적인 구성 요소를 관장하고, 독자가 이야기와 인물들을 어떻게 읽고 분석할지를 계산하며, 내가 쓴 문장들이 어떤 영향을 끼칠지 예측하려고 애씁니다. 이 모든 세세한 계산들이 가능하기 위해서는 어린애 같은 천진함과는 반대되는, 자신을 자각하는 상태가 요구되며, 이는 곧 소설의 인위성, 즉 소설가의 '성찰적인' 면과 연결됩니다. 소설가가 지극히 '소박'하면서 동시에 지극히 '성찰적'일 수 있다면, 그만큼 좋은 작가가 될 것입니다.

    소설가의 소박한(천진하고 즐겁고 쉽게 동일화되는) 면이 성찰적인(자신의 목소리를 자각하고 소설 기법에 대해 고민하느라 분주한) 면과 갈등을 빚거나 조화를 이루는 대표적인 사례를 꼽자면, 각각의 작가에게는 다른 사람과 동일화하는 데 어떤 한계가 있다는 사실을 들 수 있겠습니다. 소설 예술은 우리 자신에 대해 다른 사람처럼, 다른 사람들에 대해 우리 자신처럼 말할 수 있는 기량입니다. 그리고 우리 자신에 대하여 다른 사람처럼 언급할 때 한계가 있듯이 우리 자신을 다른 사람의 처지에 놓는 것도 한계가 있습니다. 문화, 역사, 계층, 성별의 차이를 극복하고 온갖 종류의 주인공을 창조하려는 갈망은 사실 우리 밖으로 나가 전체를 보고 발견해 내고자 하는 바람입니다. 이러한 갈망은 소설 쓰기와 읽기를 매력적이게 하는 기본적인 충동이지만 동시에 사람이 사람을 '이해하는' 데는 한계가 있다는 것도 깨닫게 해 줍니다.

소설 쓰기와 읽기에는 자유와 관련된 매우 특별한 측면도 있습니다. 다른 삶을 모방하고 자신을 다른 사람으로 상상하는 일에는 윤리 문제도 연관되어 있다는 걸 말하고 싶습니다. 소설 쓰기의 가장 즐거운 측면 가운데 하나는, 작가가 자신을 소설 캐릭터의 위치에 놓고 탐색하고 상상력을 발휘해 나가면서 자신이 서서히 변해 가는 과정을 발견하는 것입니다. 소설가는 오로지 주인공의 눈으로만 세상을 보지 않고, 서서히 주인공과 닮아 가기 시작합니다! 나 자신의 관점에서 벗어나 다른 사람이 될 수 있다는 것은 내가 소설 쓰기를 좋아하는 또 다른 이유이기도 합니다. 소설가로서 나는 다른 사람들과 동일화되고 나 자신 밖으로 나가, 이전에 내가 소유하지 않았던 캐릭터를 가졌습니다. 이렇게 35년 동안 소설 쓰면서 나는 다른 사람의 위치에 나 자신을 놓으며 내 영혼을 길들였습니다.

자신 밖으로 나가, 모든 사람과 모든 사물을 전체적으로 보고, 가능한 한 많이 보기 위해 가능한 한 많은 사람과 동일화된다는 것. 이런 점에서 소설가는 광대한 풍경의 시적인 면을 포착하기 위해 높은 산으로 올라간 옛 중국 화가와도 닮았습니다. 중국 산수화를 전문으로 연구하는 학자들은 위에서 모든 것을 한눈에 내려다보는 시점은 오직 상상으로만 가능하며, 그 어떤 화가도 실제로 산꼭대기에 올라가지는 않았다는 사실을 중국화를 좋아하는 순진한 사람들에게 상기시켜 주는 것을 좋아합니다. 마찬가지로, 소설을 구성하는 것은 전체가 보이는 상상의 어떤 관점을 모색하는 것입니다. 이 상상의 관점에서는 소설의 중심부도 가장 잘 감지됩니다.

소설 주인공이 이 거대한 풍경 속에서 배회하고, 머물고, 한데 뒤섞여 그 일부가 되는 순간, 그는 불멸이 됩니다. 안나 카레니나를 불멸로 만든 것은 그녀 영혼의 동요나 우리가 '캐릭터'라고 부르는 특성의 집합이 아니라, 그녀가 깊이 침잠해 들어가 모든 세부적인 것을 우리에게 드러내 보일 수 있었던 광활하고 풍부한 풍경, 즉 러시아 사회 전체입니다. 소설을 읽을 때 우리는 이 풍경을 소설 주인공의 눈으로 볼 뿐만 아니라, 소설 주인공이 풍부한 풍경의 일부라는 것을 압니다. 이후 주인공은 그가 속해 있었던 풍경을 우리에게 상기시키는 잊지 못할 기호, 일종의 상징으로 변합니다. 『돈키호테』, 『데이비드 코퍼필드』, 『안나 카레니나』 같은 소설들의 제목이 소설 주인공 이름에서 왔다는 사실은 소설 주인공이 짊어진 상징적인 역할을 더욱더 두드러지게 합니다. 주인공은 독자들의 머릿속에 전체 풍경을 일깨워 주는 역할을 합니다. 대개는 내가 '풍경'이라고 불렀던 소설의 윤곽이나 대략적인 줄거리가 우리 뇌리에 남지만, 우리는 주인공을 기억한다고 생각합니다. 이렇게 해서 주인공의 이름은 우리 상상 속에서 소설이 우리에게 제공하는 풍경의 이름이 됩니다.

소설 주인공을 그가 속한 풍경의 일부로 전환하는 방법 가운데 가장 유서 깊은 방법은 콜리지가 셰익스피어에 대해 강의하면서 말한 바 있습니다. "극 중 인물들의 캐릭터가, 마치 우리 삶이 그러하듯이, 독자에게 공공연히 말해져서는 안 되며, 독자 스스로 파악할 수 있어야 한다." 콜리지의 이 관찰 덕에 수많은 작가와 독자가 소설 주인공의 캐릭터를 구성하여 독자에 의해 새롭게 발견되는 것을 소설 예술의 기본 과제로 삼게 되었습니다.

콜리지의 이 말은 셰익스피어 이후 200여 년이 지나, 영국 소설이 부상하고 찰스 디킨스가 첫 소설을 쓰기 시작할 무렵에 쓰였음을 기억합시다. 하지만 소설을 쓸 때 부딪치는 과제와 진정한 즐거움은 소설 주인공의 행동을 통해 캐릭터를 파악할 때 얻어지지 않습니다. 우리 자신을 소설 주인공과 동일시하여, 아니면 적어도 우리 영혼의 일부만이라도 동일시하여 잠시나마 나 자신에서 벗어나 다른 사람이 되고 다른 사람의 눈으로 세상을 볼 때 비로소 느낄 수 있습니다.

우리가 이 세상에 사는 것이 어떤 느낌인가를 묘사하는 것이 소설의 진정한 과제라면 소설은 인간 캐릭터나 심리학에 대한 그 무엇일 것입니다. 하지만 소설의 주제는 단순한 심리학보다 더 흥미로운 것입니다. 중요한 것은 어떤 사람의 캐릭터가 아니라 그가 세계의 여러 형태에 보이는 반응입니다. 세계의 모든 색깔, 모든 사건, 모든 과일과 꽃, 그러니까 감각이 가져다준 모든 것에 어떤 반응을 보이느냐가 중요합니다. 소설 예술에서 느낄 수 있는 기본적인 즐거움이자 보람인 주인공과 동일화되는 느낌은 이런 감각들에 바탕을 둔 것입니다.

톨스토이는 우리에게 안나 카레니나가 이런저런 캐릭터의

소유자이기 때문에 모스크바-상트페테르부르크 간 기차에서 어떤 행동을 했다고 묘사하지 않습니다. 다만 불행한 결혼 생활을 하는 어떤 여인이 모스크바의 어떤 무도회에서 젊고 잘생긴 장교와 춤을 춘 후 귀가하는 기차에서 손에 소설을 든 채 어떤 생각에 잠겨 있었는지 일일이 설명할 뿐입니다. 안나가 불멸이 된 것은 이 모든 사소한 세부 사항이 옳았기 때문입니다. 창밖에 눈이 오는 밤, 객차 안 모습, 안나가 읽었거나 읽으려고 애썼던 소설, 그 모든 것을 그녀가 보고 이해하고 느낀 만큼 우리도 보고 이해하고 느낍니다. 소설 예술에서 가장 독특한 면은, 주인공들이 모든 감각으로 '느끼고' 이해하는 대로 세상을 보여 준다는 것입니다.

먼 곳에서 본 광대한 풍경은 주인공들의 눈과 감각에 의거하여 묘사되기 때문에, 우리는 우리 자신을 그들 위치에 놓고 깊이 영향을 받으며, 한 인물의 관점에서 다른 인물의 관점으로 옮겨 가면서 그 인물들 안에서 경험한 느낌을 바탕으로 전체 풍경을 이해합니다. 인물들이 거니는 풍경은 소설 주인공의 캐릭터에 영향을 주지 않습니다. 정반대로 소설 주인공들은 이 거대한 풍경의 세부적인 것들이 드러나 확실하고 명확하게 밝혀지도록 상상되고 설정되었습니다. 따라서 소설 주인공들은 그들이 감각으로 파악하는 세계와 깊이 맞물려 있어야만 합니다.

이 '주인공과 풍경의 맞물림'은, 이번 강연의 두 번째, 세 번째 주제와 연관됩니다. 소설의 플롯과 시간! 주인공의 캐릭터나 영혼이 소설의 진정한 주제가 아니라는 것을 설명하려면, 우리 머리는 '소박'한 부분을 잊고 캐릭터의 인위적인 면을 '성찰적인' 형태로 제시해야만 합니다. 우리가 문학 캐릭터를 구성하고 이해하려 할 때 기본이 되는 것이 이 인위성입니다. 소설가는 자신이 연구하고 설명하고자 하는 주제와 자신의 상상력과 창작으로 강조하고자 하는 삶의 경험에 적합한 상태로 주인공들을 발전시킵니다.

소설가들은 먼저 아주 특별한 영혼의 소유자인 주인공을 창안해 낸 다음, 주인공이 원하는 A, B, C의 소재나 경험으로 끌고 들어가는 식으로 작업하지 않습니다. 소설가들은 먼저 A, B, C라는 소재를 설명하고 싶어 합니다. 그런 후에 이 소재들을 설명하는 데 가장 적합한 주인공들을 상상합니다. 나는 항상 이렇게 해 왔습니다. 다른 모든 작가도 인지하든 그렇지 못하든 이렇게 할 거라고 생각합니다.

'나는 항상 이렇게 했다!'라는 말은 이번 강연의 부제가 될 수 있습니다. 나의 목적은 소설이라는 장르를 내가 어떻게 이해하는지를 설명하는 것입니다. 나보다 앞선 수천 명의 작가가 발전시키고 형식화하여 멋진 장난감으로 내 앞에 놓아둔 이 장르와 나의 상상력을 나는 어떻게 결합시켰을까요? 나 자신을 잘 이해하고, 이해한 것을 잘 표현할 수 있다면, 모든 인간을 (조금이나마) 표현할 수 있다고 믿는 신중한 낙관주의를 포기하지 않는 휴머니스트와 비슷한 관점을 나는 가지고 있습니다. 나의 소설 읽기와 소설 쓰기 경험을 성실하게 설명한다면, 다른 소설가들이 소설을 구상할 때 그들 머릿속에서 무슨 일이 일어나는지도 설명할 수 있다고 나는 순진하게 믿습니다. 다시 말해, 나에게는 소설의 기법적인 문제들로 고심하는 나의 성찰적인 면을 독자 여러분에게 쉽게 표현할 수 있으리라 믿는 소박한 면이 있습니다.

내 본성의 이 소박한 면을 이야기하자면, 20세기 초 러시아 형식주의자들의(예를 들면 빅토르 시클롭스키 같은 학자가 있겠지요.) '구조 이론'에 친근감을 느낀다는 것을 말해야겠습니다. 우리가 플롯 또는 서사 구조 또는 사건의 연속 또는 이야기라고 부르는 것은 우리가 설명하고 서술하고자 하는 지점들을 연결하는 하나의 선일 뿐입니다. 하지만 이 선은 소설의 재료나 내용, 그러니까 소설 그 자체가 아니라, 소설을 구성하는 텍스트 전체에 흩어진 수천수만 개의 작은 점을 가리키는 것입니다. 서사 단위, 주제, 모티프, 하부 이야기, 작은 이야기, 시적 순간, 사적인 경험, 지식 등등, 이 점들을 뭐라고 부르든지 간에, 이것들은 내게 소설을 쓰도록 독려하고 의욕을 불러일으키는 크고 작은 에너지 공들입니다. 나보코프는 『롤리타』에 관해 썼던 어떤 글에서, 한 권의 책을 만드는 이 점들 가운데 가장 뚜렷하고 가장 잊히지 않는 것들을 '신경관'이라고 불렀습니다. 아리스토텔레스의 원자처럼 이 점들 역시 나뉘거나 다른 것으로 환원될 수 없다고 나는 느끼곤 했습니다.

나는 『순수 박물관』을 집필하면서 아리스토텔레스의 『자연학』에서 출발하여, 이 나뉠 수 없는 점들과 '시간'을 만든 '순간'들 사이에 어떤 관계를 맺으려고 했습니다. 아리스토텔레스에 의하면, 나뉘거나 다른 것으로 환원될 수 없는 원자들이 있듯, 나뉠 수 없는 '순간'들이 있고, 이 수많은 순간을 연결한 일직선을 '시간'이라고 합니다. 마찬가지로, 한 소설에서 사건의 플롯은 이 크고 작은 나뉠 수 없는 단위들을 합친 선입니다. 소설 주인공은 당연히 이 선, 즉 플롯이 필요로 하는 드라마와 사건의 전개를 정당화할 수 있는 정신과 캐릭터와 심리적 특징의 소유자입니다.

소설을 다른 장편 서사들과 구별하고, 보편적으로 사랑받는 장르로 만든 기본 특징은 선 안에 있는 이 작은 점들(신경관) 각각을 통해 이야기 속 인물 가운데 한 명의 눈으로 볼 수 있고, 그렇게 관찰한 결과를 주인공의 감정과 지각과 결부시킬 수도 있다는 점입니다. 사건이 일인칭 관점으로 서술되든 삼인칭 관점으로 서술되든, 소설가 또는 서술자가 이 관련성을 알든 모르든, 독자는 전체 풍경 속 모든 세부 사항을 사건과 관련된 주인공의 감정, 심리 상태와 연관 지어 읽습니다. 소설 예술의 내부 구조에서 비롯된 황금의 법칙은 바로 이것입니다. 이야기와 별로 관계가 없고 사람이나 사물이 없는 풍경 묘사라 할지라도 소설 독자들은 주인공의 감정적·정신적 세계의 연장선상에 있다는 인상을 받습니다. 일반적으로 생각했을 때 차창 밖을 내다본 안나 카레니나의 눈앞에 펼쳐진 장면은 그냥 우연일 수 있습니다. 기차는 어떤 풍경이든 지나갈 수 있으니까요. 하지만 소설을 읽을 때, 안나의 창밖으로 떨어지는 눈송이를 보며 우리는 젊은 여성의 심리 상태를 짐작합니다. 모스크바의 무도회에서 잘생긴 장교와 춤을 춘 후 안나는 기차 침대차에 자리를 잡았습니다. 안나는 안정감을 주는 집과 가족에게 돌아가는 길입니다. 하지만 마음은 창밖 풍경, 두려운 힘을 가졌지만 아름다운 자연에 쏠려 있습니다. 좋은 소설에서는, 그러니까 위대한 소설에서는 풍경이나 다양한 사물에 대한 묘사, 짧은 일화, 약간의 일탈, 이 모든 것이 소설 주인공의 심리 상태, 기질, '캐릭터'를 우리에게 환기시킵니다. 어떤 소설을 나뉠 수 없는 신경관들로, 작가에게 영감을 주는 '순간들'로 이루어진 바다라고 상상해 봅시다. 이때 각각의 점 안에는 소설 주인공의 영혼의 일부가 들어 있다는 것을 절대 잊지 맙시다.

아리스토텔레스가 『자연학』에서 말한 '시간'은 순간들이 모인 일직선입니다. 이것에 대해서는 우리 모두가 알고 있고 우리 모두가 합의했습니다. 달력과 시계가 알려 주는 객관적인 시간입니다. 그러나 다른 장편 서사 장르나 역사와 달리, 소설은 세상을 그 속에 사는 사람들의 관점에서, 그들의 영혼과 감성의 세부적인 것들을 통해 설명합니다. 그래서 소설의 시간은 아리스토텔레스가 지적한 것처럼 객관적이지도 않고 일직선도 아닙니다. 주인공들의 주관적인 시간일 뿐입니다. 그래도 우리 독자들은 특히 소설에서 일어난 복잡한 일들을 완전히 이해하고, 주인공들 간의 관계를 구분하기 위해 소설 속에서 모두가 공유하는 '객관적 시간'을 이해하려고 합니다. 인위적인 서사 기법 때문에 골머리를 앓지 않는 진실하고 '소박한' 작가라면 "안나가 모스크바에서 기차에 탔던 시간에, 레빈은 농장이 있는 집에서."라고 시작하는 해설적인 문장으로 소설 속 객관적인 시간을 상상할 수 있게끔 우리 독자들을 도와줄 겁니다.

하지만 서술자가 반드시 개입해야 하는 것은 아닙니다. 서로 직접 관계를 맺지 않더라도 모든 등장인물이 알고 있는 폭설, 폭풍, 지진, 화재, 전쟁 같은 사건들, 교회 종소리, 에잔[19] 소리, 계절의 변화, 전염병, 신문, 중요한 역사적 사건 같은 것이 있으면 독자들은 모두가 공유하는 객관적인 시간을 상상할 수 있습니다. 이 상상을 지속하는 과정은 소설에 등장하는 사람들이 '대변'하는 어떤 사회를, 어떤 도시의 인파를, 어떤 공동체나 민족을 상상하는 것과 비슷하기 때문에 정치적입니다. 소설 등장인물들이 그 내면에 도사린 악마들에게서 가장 멀리 떨어져 나와 역사에 가장 가까워지는 지점이기도 합니다. 어떤 소설을 읽을 때 공통의 객관적 시간의 존재를 느끼는 것은 어떤 커다란 풍경화를 앞에 두고 모든 것을 동시에 보면서 느끼는 즐거움과 비슷한 감정을 독자에게 줍니다. 우리는 소설의 감춰진 중심부를 역

---

19 이슬람 사원에서 하루 다섯 번 기도 시간을 알려 주는 소리.

사의 굴곡과 어떤 공동체의 특성에서 찾는다고 생각해 왔지만, 내 생각에 이는 오류입니다. 불멸의 소설 두 편을 예로 들어 보겠습니다. 톨스토이의 『전쟁과 평화』과 제임스 조이스의 『율리시스』입니다. 우리는 이 두 소설에서 모두가 공유하는 객관적 시간의 존재를 아주 자주 느낍니다. 그러나 이 두 소설에서 깊은 곳에 있는 감춰진 중심부는 역사가 아니라 삶 그 자체, 그리고 삶의 구조와 관련이 있습니다.

우리가 객관적 시간이라고 부르는 것은 소설의 구성 요소들을 결합해, 어떤 풍경화에 있는 것처럼 드러나게 하는 데 유용한 프레임 기능을 합니다. 하지만 이러한 프레임을 인식하기는 어렵기 때문에 독자들은 서술자의 도움이 필요합니다. 왜냐하면 소설을 쓰고 읽을 때, 서사는 우리를 — 그림과는 반대로 — 전체 그림을 보도록 이끌지 않고, 각각의 인물들이 보고 인지하는 것을 따라가도록, 그들의 한정된 관점을 따라가도록 이끌기 때문입니다. 아주 잘 그려진 중국 산수화를 볼 때면 나무 하나하나뿐만 아니라, 나무들이 속한 숲과 전체 풍경까지 한눈에 보게 됩니다. 하지만 소설을 읽을 때 주인공들에게서 떨어져 '객관적인 시간' 또는 소설의 전체 풍경을 보는 것은 독자들뿐만 아니라 작가들에게도 어려운 일입니다.

『안나 카레니나』는 이 세상에 존재하는 가장 완벽한 소설 가운데 하나지만, 톨스토이가 퇴고를 거듭하여 소설을 완성했다는 것을 아는 사람들은 이 소설이 굉장히 공들여 쓴 소설이라는 것을 알아볼 수 있습니다. 그럼에도 나보코프가 (자신이 톨스토이보다 더 영리하다는 희열을 만끽하며) 지적한 바에 따르면, 『안나 카레니나』는 주인공 개개인의 이야기에는 실수가 거의 없지만, 공통의 객관적 시간이 제대로 구성되어 있지 않습니다. 주인공들의 달력들이 서로 일치하지 않는 것이지요. 만약 꼼꼼한 편집자가 있었다면 소설에 이런 연대기적 실수가 있다는 것을 알아차렸을 겁니다. 소설에 푹 빠져서 읽는 독자들은 톨스토이의 달력이 옳다고 생각하며 읽기 때문에 소설이 앞뒤가 맞지 않는다는 사실을 알아차리지 못합니다. 작가와 독자가 이런 실수를 하는 것은 소설을 주인공들의 시간에 초점을 맞춰 쓰고 읽는 습관 때문입니다.

조셉 콘래드, 프루스트, 조이스, 윌리엄 포크너, 버지니아 울프의 등장 이후 소설 주인공의 '캐릭터', 기질, 간단하게 말하면 심리 상태를 독자에게 보여 주고자 플롯이나 시간을 건너뛰는 기법이 널리 쓰이기 시작했습니다. 이 근대 작가들의 소설에서 사건은 더 이상 달력과 시계가 가리키는 일직선 위에 놓이지 않게 되었습니다. 대신에 주인공들의 기억, 극 중 역할 그리고 무엇보다도 세계관과 본능에 따라 전체 풍경이 그려지고 그 안에 사건들이 배치되었습니다. 이러한 근대 작가들은 전 세계 독자들에게(그 무렵 소설은 세계 예술이 되어 버렸습니다!) 인생을 이해하고 그 유일무이함을 파악하는 한 방법으로서 주관적인 시간에 주의를 기울이게 했습니다. 우리는 근대 소설의 도움으로 우리 자신의 사적인 '시간'과 순간이 가진 중요성을 발견하고, 소설 주인공의 '캐릭터', 즉 그의 정신적·감정적 특징을 소설 속 전체 풍경의 일부로 보는 법을 배웠습니다. 소설을 통해 지금까지 대수롭지 않게 여겼던 우리 삶의 작고 세부적인 면을 이해하는 것은, 그것들이 전체 풍경에서 그리고 역사의 맥락에서 어떤 의미를 띠고 자리 잡을 수 있게 되었다는 의미입니다. 우리 자신의 감정과 우리 삶의 작고 세부적인 것을 통해 전체 풍경에 들어간 다음에야 비로소 우리에게 모든 것을 이해하는 능력과 자유가 생깁니다.

『안나 카레니나』에서 차창 밖으로 보이는 눈송이들은 우리에게 그녀의 심리 상태를 설명해 줍니다. 안나는 모스크바의 무도회에서 젊은 장교를 만나 감정적인 관계를 맺을지 고민할 정도로 반했기 때문에 예민해진 상태입니다. 소설을 쓸 때 주인공의 캐릭터를 창조하고 구성하는 것은 우리 모두가 알고 있고, 다른 것으로 환원될 수 없는 현실 삶의 세부 사항들을 사건의 구조에 결합하는 것을 의미합니다. 나에게 소설 쓰기는, 풍경 속에서(세계에서) 소설 캐릭터들의 심리 상태, 감정, 생각 등을 포착해 내는 것입니다. 이 때문에 내가 앞서 언급한 소설을 구성하는 그 수천 개의 작은 점들을 일직선이 아니라, 지그재그를 그리며 연결할 필요가 있다는 것을 항상 느낍니다. 만약 우리가 어떤 소설 속에 있다면 사물, 가구, 방, 거리, 나무, 숲, 풍경, 창밖 경치, 이 모든 것은 우리에게 주인공의 생각과 느낌의 일부로 보입니다. 소설 주인공의 '캐릭터'는 소설의 전체 '풍경' 속에서 형성됩니다. 이 전체 풍경에서 우리가 보게 될 다른 것들, 즉 단어, 그림, 사물은 다음 강연에서 다루겠습니다.

4

단어,
그림,
사물

나에게 소설 쓰기란 사물과 이미지로 둘러싸인 풍경 속에서 소설 주인공들의 생각과 감각을 감지해 내는 기량이라고 지난번 강연에서 말했습니다. 이 기량은 어떤 소설가의 예술에서는 그다지 중요하지 않습니다. 이런 작가의 가장 좋은 예는 도스토옙스키입니다. 도스토옙스키의 소설을 읽을 때면 가끔 — 항상은 아니고 — 우리 인간이 놀라울 정도로 심오한 경지에 다다랐음을 느끼게 됩니다. 우리는 삶과 인간 그리고 인간 정신에 관해 아주 깊이 있는 지식을 얻기에 이르렀습니다. 더욱이 이 지식은 무척이나 익숙한 동시에 무척이나 대단해서 때로 우리가 목격한 것이 두려워지기도 합니다.

하지만 도스토옙스키가 우리에게 주는 지식이나 지혜는 시각적인 것이 아니라, 언어적 또는 — 이 말이 적당한지 모르겠습니다만 — '단어적인' 것입니다. 소설과 인간에 대한 이해에서는 톨스토이 역시 때로 같은 강렬함으로 깊은 곳에 도달합니다. 이 두 작가는 같은 시기, 같은 문화 속에서 글을 썼기 때문에 항상 비교 대상이 됩니다. 하지만 톨스토이가 주는 지식은 대부분 시각적인 것입니다.

물론 모든 문학 텍스트는 우리의 시각적·언어적 지능에 동시에 호소합니다. 모든 것이 우리 눈앞에서 일어나는 연극일지라도, 예를 들면 『햄릿』에서도, 오로지 단어들을 매개로 희열을 만끽할 수 있습니다. 반대로 극도로 극적인 작가인 도스토옙스키의 작품일지라도, 예를 들면 『악령』도 자살 장면을 드러내 놓고 보여 주진 않지만 우리에게 강한 시각적인 인상을(옆방에서 자살하는 사람을 독자가 주인공과 함께 상상하는 것!) 남기기 마련입니다. 하지만 독자를 아찔하게 하는 모든 긴장감에도 불구하고 — 또는 어쩌면 그러한 이유로 — 도스토옙스키 작품을 읽고 나서 우리 머리에 남는 사물이나 이미지, 장면은 별로 없습니다. 톨스토이의 세계가 섬세하고 감각적으로 배치된 사물들로 들끓고 있을 때, 도스토옙스키의 방은 텅 비어 있습니다.

주제를 좀 더 쉽게 설명하기 위해 이 차이를 일반화시켜 봅시다. 어떤 작가들은 '단어적'이고, 어떤 작가들은 '시각적'입니다. 이 말은 어떤 작가들은 주로 독자의 '시각적 상상력'에 호소하고, 어떤 작가들은 주로 '단어적 상상력'에 호소한다는 의미입니다. 나에게 호메로스는 '시각적' 작가입니다. 그의 작품을 읽을 때면 수많은 이미지가 눈앞을 스쳐 지나갑니다. 나는 이야기

자체보다는 이 이미지들을 더 좋아합니다. 하지만 내가 『내 이름은 빨강』을 쓸 때 거듭해서 읽었던 위대한 페르시아 서사시 『샤 나메』의 작가 피르도시는 기본적으로 플롯과 우여곡절에 의존하는 '단어적' 작가입니다. 물론 그 어떤 작가도 전적으로 두 분류 가운데 어느 한편에만 속하지 않습니다. 모든 작가는 시각적 상상력과 단어적 상상력에 동시에 호소합니다. 하지만 우리는 어떤 작가들의 작품을 읽을 때 주로 단어에 관심을 쏟습니다. 누가 누구에게 무슨 말을 했고, 서술자가 탐색하고 있는 패러독스와 생각은 무엇인지 열심히 주의를 기울입니다. 또 어떤 작가들은 우리 머릿속에 지울 수 없는 그림, 상상, 풍경, 사물 들을 연상시키며 목적에 부응합니다. 다양한 형식을 사용하여 '시각적'인 동시에 '단어적'이 될 수 있었던 작가 가운데 가장 좋은 예는 콜리지입니다. 「늙은 선원의 노래」에서 그는 독자에게 이야기하기보다는 연속으로 잊지 못할 그림들을 그려 내는 '시각적' 시인입니다. 하지만 산문, 사적인 기록, 자서전에서 콜리지는 우리가 전적으로 개념과 단어 위주로 생각하기를 기대하는 분석적인 작가로서 글을 씁니다. 게다가 '시각적' 상상력으로 썼던 자신의 시들을 '단어적' 상상력으로 분석하면서 어떻게 창작했는지 차분하게 설명합니다. 예를 들면 『문학 평전』의 4장이 그렇습니다. 콜리지로부터 많은 것을 배운 에드거 앨런 포 역시 「창작의 철리(哲理)」라는 글에서 「갈가마귀」를 어떻게 썼는지를 우리의 '단어적' 상상력에 호소해 설명했습니다.

'시각적/단어적'의 이분법을 이해하기 위해 잠시 눈을 감아 봅시다. 그리고 어떤 주제에 집중하여 아무 생각이나 떠올려 봅시다. 그런 다음 눈을 뜨고 우리 자신에게 물어봅시다. 방금 생각할 때 우리 머릿속에 단어들이 지나갔나요, 아니면 그림들이 지나갔나요? 둘 중 하나만 지나갔을 수도 있고 둘 다 지나갔을 수도 있습니다. 우리는 우리가 때로는 단어들로, 때로는 그림들로 생각한다고 느낍니다. 우리는 대부분 한쪽에서 다른 한쪽으로 옮겨 갑니다. 나의 목표는 '시각적/단어적'의 이분법을 통해 문학 텍스트를 읽을 때면 우리 머리에 있는 이 두 중심부 가운데 하나가 더 많이 작동하기 마련임을 설명하는 것입니다.

이제 우리의 진짜 주제로 돌아가, 내가 제일 강조하고 싶은 생각을 말하겠습니다. 소설은 기본적으로 시각적 문학입니다. 소설은 주로 우리의 시각적 지능, 즉 사물들을 눈앞에 떠올리고 단어를 머릿속에서 그림으로 전환하는 능력에 호소하여 우리에게 영향을 미칩니다. 다른 문학 장르와 비교했을 때, 소설은 우리의 평범한 인생 경험과 때로는 알아차리지도 못했던 감각에 대한 기억에 의존한다는 것을 우리 모두 알고 있습니다. 소설은 세상이 어떻게 보이는지에 관한 것이기도 하지만, 냄새, 소리, 맛, 감촉에 의해 일깨워진 느낌들도 — 다른 그 어떤 문학 형식도 흉내 낼 수 없는 풍부함으로 — 묘사합니다. 소설의 전체 풍경은 주인공들이 보는 것 외에도 세상의 소리, 냄새, 맛, 감촉의 순간들이 있어 활기를 띱니다. 우리가 이 세상에 살면서, 존재하면서, 매 순간 우리 나름대로 느꼈던 경험들 가운데 가장 뚜렷한 것은, 당연히, 보는 것입니다. 소설 쓰기는 단어로 그림을 그리는 것이고, 소설 읽기는 다른 사람의 단어를 가지고 우리 머릿속에 그림을 그리는 것입니다.

'단어로 그림을 그린다.'는 말은, 단어로 독자의 머릿속에 아주 뚜렷하고 확실한 이미지를 불러일으킨다는 의미입니다. 대화 장면을 제외하고, 소설의 문장이나 단어 들을 쓸 때면 나는 항상 머릿속에 어떤 그림, 어떤 이미지부터 떠올립니다. 나의 일은 먼저 내 머릿속에 있는 그림을 선명하고 확실하게 하는 것입니다. 나는 앉아서 본격적으로 집필에 들어가기 전에 다른 소설가들에 비해 많은 계획을 세우고 비교적 주의 깊게 작품을 수많은 부분으로 나눠 구상합니다. 다른 작가들의 자서전과 회고록을 읽고 여러 소실가들과 이야기를 해 보고 나서 알게 된 사실입니다. 나는 한 장, 한 장면, 한 정경을(나도 모르게 미술 용어를 쓰고 있군요!) 쓰기 전에 먼저 눈앞에 상세하게 떠올립니다.

나에게 글을 쓴다는 것은 특정 장면을 눈앞에 떠올리는 과정입니다. 만년필로 써 나가고 있는 종이를 보는 것만큼이나 고개를 들어 창밖을 바라보면서, 내가 쓸 문장을 한 편의 그림처럼, 내가 쓸 장면을 영화의 한 장면처럼 눈앞에 떠올리려고 애씁니다.

하지만 소설을 영화와 그림에 비유하는 것은 어느 선까지만 가능합니다. 결국에는 내가 설명하려는 장면이 가장 함축적이고 강력한 방법으로 표현될 수 있는 부분을 상상하고 강조하려고 노력합니다. 시각적 상상력으로 내가 쓸 장을 한 장면 한 장면, 한 문장 한 문장 구상하면서, 나는 단어를 통해 효과적으로 표현될 세부 사항에 초점을 둡니다. 내가 살면서 경험한 어떤 세부 사항을 기억해 내고 눈앞에 떠올리지만 그것을 단어로 표현할 수 없다는 것을 깨닫고 포기할 때도 있습니다. 이 무능함은 주로 나의 경험이 단지 나 혼자만의 것이라는 믿음에서 나옵니다. 플로베르가 자신이 글을 쓸 때 모색했다고 말했던 '가장 적절한 단어(le mot juste)'는 내가 상상했던 이미지를 가장 잘 표현할 수 있을 단어입니다. 소설가는 상상했던 것을 가장 잘 표현할 단어를 찾는 데 그치지 않고, 가장 잘 표현할 수 있을 것을 상상하는 법도 배웁니다.(이 잘 선택된 이미지를 '적절한 심상(l'image juste)'이라고 해야 할 것입니다.) 소설가는 눈앞에 떠올린 이미지가 오로지 단어로 옮겨졌을 때만 의미가 있으며, 단어로 잘 표현할 수 있는 것을 상상하는 법을 배울수록 머릿속에 있는 시각적·단어적 사고의 중심부들이 서로 가까워진다는 것을 느낍니다. 어쩌면 이 중심부들은 서로 맞물려 있는지도 모릅니다.

단어와 이미지, 문학과 그림의 유사성을 환기하기 위해 고대 로마 시인 호라티우스의 『시론』에 나오는 유명한 구절인 "시는 그림과도 같다."를 인용하는 것은 관례가 되어 버렸습니다. 나는 호라티우스가 호메로스도 형편없는 구절을 썼다는 의견을 피력한 후 갑자기 말해 버린 이 유명한 말 다음에 이어진, 별로 알려지지 않은 말도 좋아합니다. 한 폭의 풍경화를 보는 것과 한 편의 소설을 읽는 것 사이의 유사성을 연상시키기 때문입니다. "시는 그림과도 같다. 어떤 것은 가까이에서 보면 사람에게 영향을 끼치고, 어떤 것은 멀리 떨어져서 보면 영향을 끼친다. 어떤 그림은 어두운 구석을 좋아한다. 어떤 그림은 비평가의 날카로운 평가를 두려워하지 않으므로 꽤 밝은 곳에서 감상해야 한다. 어떤 그림은 한 번에 마음에 들어오고, 어떤 그림은 열 번 정도 보았을 때 사람에게 즐거움을 안겨 준다."

호라티우스는 『시론』의 다른 행에서도 시를 — 문학을 — 설명하기 위해 그림 비유와 미술 용어를 사용하지만, 그가 제시하는 의견과 사례는 시와 그림에서 얻는 즐거움이 유사하다는 정도에 머무릅니다. 문학 예술과 시각 예술 사이의 진정한 '구분'은 독일의 극작가이자 비평가인 고트홀트 에프라임 레싱[20]의 『라오콘』(1766)이라는 책에서 분석적 논리를 통해 제시됩니다. 부제가 '회화와 시의 한계에 관하여'인 이 긴 논문에서 레싱은, 오늘날 모두가 동의한 명확한 구분을 제시합니다. 시(문학)는 시간에 기반을 둔 예술입니다. 그림이나 조각 같은 시각 예술은 공간을 기반을 둔 예술입니다. 이렇게 해서 레싱은 문학 예술과 시각 예술의 기본적인 차이를 칸트의 유명한 두 인식론의 범주로, 시간과 공간으로 환원시켰습니다.

---

20 1729~1781. 독일 극작가, 비평가.

우리는 한 폭의 풍경화를 보고 한눈에 전체적인 의미를 파악합니다. 모든 것이 우리 앞에, 공간 안에 있습니다. 하지만 시나 산문 소설의 전체 의미를 파악하기 위해서는 주인공과 상황이 시간의 흐름 속에서 겪는 변화를 — 이야기, 드라마, 사건을 — 이해해야만 합니다. 사건들은 소설 속 시간 안에 존재합니다. 게다가 이러한 것들을 읽고 구성을 이해하려면 시간이 걸립니다.

사실 풍경화를 세부까지 즐기기 위해서는 — 호라티우스가 말한 것처럼 — 그림을 열 번 보고, 가까이에서 봤다가 멀리 떨어져 보고, 세부 묘사에 관심을 기울이면서 한동안 그림 앞에서 시간을 보내야 합니다. 그뿐만 아니라 이야기를 묘사한 그림들은 동시에 많은 시간 — 앞에서 아리스토텔레스의 순간이라고 말한 바 있는 — 을 한 프레임 안에 담아 내기도 합니다. 커다란 그림 한구석에서는 거대한 전쟁을 촉발한 사건을 볼 수 있고, 다른 구석에서는 오랜 전쟁 끝에 죽거나 다친 군인들을 볼 수 있습니다.

하지만 이러한 사례들은 레싱의 유명한 구분법의 명확성을 훼손시키지 않습니다. 시각 예술과 문학 예술을(인간 정신에 미치는 영향에서 서로 밀접하게 관련이 있기 때문에 형제 예술이라고도 불리는) 레싱은 시간과 공간이라는 두 가지 기본 철학 범주로 환원하여 명확히 차별화했습니다. 소설에 관한 나의 생각을 피력하기 위해 이 구분법을 활용하겠습니다. 소설들도 마치 그림처럼 우리에게 박제된 순간들을 보여 줍니다. 하지만 소설 속의 작고 나뉠 수 없는 순간들은(아리스토텔레스의 순간들처럼) 하나가 아니라, 수천수만 개가 있습니다. 소설 읽기는 단어들로 묘사된 이 순간들('시간')을 시각화하는 것입니다. 다시 말해, 우리 상상 속에서 시간을 공간으로 전환하는 것입니다.

우리는 한 폭의 그림을 보면 — 풍경화건 도서 삽화건 채색 필사본이건 소형 초상화건 정물화건 관계없이 — 한눈에 전체적인 인상을 얻게 됩니다. 한 편의 소설을 읽을 때는 정반대 상황이 됩니다. 책장을 넘길 때 우리는 계속해서 사소한 세부 사항, 작은 그림, 나눌 수 없는 짧은 순간에 관심을 기울이고, 전체 풍경을 알아낼 때까지 초조하게 기다리며 모든 것을 기억하려 노력합니다. 한 폭의 그림이 우리에게 박제된 어떤 '순간'을 보여 준다면, 소설은 연달아 줄지어 있는 수천 개의 박제된 순간을 제시합니다. 소설에 있는 각각의 순간이 전체 풍경에서 어떤 위치를 차지하는지, 어떻게 소설의 중심부로 이어질지 궁금해하면서 소설을 읽다 보면 손에 땀을 쥐게 됩니다. 작가는 왜 그 '순간'에 창밖에 내리는 눈송이들을 우리에게 보여 준 걸까요? 침대차에 있는 다른 사람들에 대해 자세하게 설명해 준 이유는 뭘까요? 소설 속 나무들을 일일이 좇는 한편으로 우리가 전체 숲에서 어느 지점에 있고 어떻게 해야 숲에서 나갈 수 있는지를 탐색하다 보면 숨이 턱턱 막힙니다. 마치 소설의 숲에서 길을 잃은 느낌이랄까요. 하지만 우리의 관심을 지속시키는 것은 숲 속 나무들이, 한 편의 소설을 이루는 수천 개의 나눌 수 없는 '순간'들이 평범하고 인간적인 세부 사항들 — 대부분은 시각적인 — 로 이루어졌다는 사실입니다. 우리가 계속 관심을 둘 수밖에 없는 것은 한 그루 나무 그 자체보다는 그것들이 주인공들에게 나타나는 방식입니다. 바꿔 말하면, 그것들이 주인공들의 생각, 감정, '캐릭터'를 드러내는 방식 때문입니다.

우리는 커다란 그림을 볼 때 모든 것을 마주하고 있다는 흥분을 느끼고 그림 속으로 들어가고 싶어 합니다. 분량이 많은 소설을 읽고 있을 때는 전체를 보지 못하는 어떤 세계 속에 있다는 아찔한 희열감을 느낍니다. 모든 것을 볼 수 있으려면 소설의 나뉠 수 없는 순간들을 우리의 상상력을 통해 그림으로 계속 전환시켜 나가야 합니다. 한 편의 소설이 독자의 머릿속에서 단어에서 그림으로 전환해야 하는 수천수만 개의 작은 순간들로 구성되어 있다는 사실은 소설 읽기를 그림 보기보다 더 참여적이며 사적인 일로 만듭니다. 물론 이것이 유일한 이유는 아닙니다만, 바로 이러한 이유로 내가 스물두 살 때 그림 그리는 것을 그만두고 소설을 쓰기 시작했다고 생각할 때도 있습니다. 소설이 독자들을 끌어들이는 정도가 그림에 비해 훨씬 더 깊기 때문입니다! 어쩌면 이스탄불에서는 내가 그린 그림 속으로 들어올 사람을 영영 찾지 못하리라 생각했기 때문인지도 모릅니다. 그림을 보면 우리는 그 앞에 서 있게 됩니다. 이것이 우리의 첫 번째 반응입니다. 소설을 읽을 때는 곧장 그 안으로 들어가고 싶어 하고, 들어가지 못하게 되면 기차 안에 있는 안나처럼 들어가려고 노력을 하게 됩니다.

문학 텍스트와 그림의 관계를 탐구하고 단어들이 어떻게 우리의 시각적 상상력을 움직이는지 사례를 통해 살펴보기 위해, 내 친구인 안드레아스 후이센[21]과 컬럼비아 대학에서 2년 동안 했던 세미나에서 주제가 불가피하게 고대 그리스인들이 'ekphrasis'라고 불렀던 것에 이르게 되었습니다. 'ekphrasis'는 우선 좁은 의미로 시각 예술 작품, 즉 그림이나 조각 같은 예술품을 시에서 묘사하는 것을 가리킵니다. 시에서 묘사된 그림이나 조각 같은 예술품은 실재일 수도 있고 상상일 수도 있습니다. 마치 소설에 나오는 세부 사항들이 실재일 수도 있고 상상일 수도 있는 것처럼요. 사실 그다지 중요한 단어도 아닙니다. 고전 문학에서 쓰인 'ekphrasis' 가운데 가장 잘 알려진 예는 호메로스가 『일리아스』의 18권에서 자세하게 설명한 아킬레우스의 방패입니다. 호메로스가 이 방패에 새겨진 별, 태양, 도시, 사람 들을 어찌나 잘 설명해 놨는지, 이 묘사는 온 세상과 우주를 단어로 그려 낸 그림으로서, 방패 그 자체보다 더 중요한 문학 텍스트로 변했습니다. 이후 W. H. 오든[22]은 호메로스의 묘사에서 영감을 받아 시를 쓰기도 했습니다.

나는 이러한 유의 텍스트를 책에서 많이 인용했습니다. 하지만 오든처럼 멀리서 바라보고 어떤 시대에 관해 판단을 내리기 위해서가 아니라, 정반대로 단어를 통해 그림 안으로 들어가

21 1942~ . 컬럼비아대 비교문학 교수.
22 1907~1973. 미국 시인.

그 시대의 일부가 되기 위해서였습니다. 특히 『내 이름은 빨강』 에서는 그림 속 주인공들뿐만 아니라, 색과 사물 들까지 말을 하도록 했는데, 나는 어떤 세계(그림을 통해 설명하고 다시 구성하고 싶었던) 속으로 들어감으로써 독자들 역시 그곳으로 끌어들일 수 있음을 느꼈습니다. 우리에게 과거는 옛 건축물이거나 옛 텍스트거나 옛 그림입니다. 굳이 글이 아니라 그림에서 출발하더라도 소설을 위해 필요한 밀도로 과거를 상상할 수 있다고 믿었기에 나는 이스탄불 톱카프 궁전 보물창고에 보관된 16세기 말 책과 고문서 들 속에 있는 그림들을(대부분 오늘날의 이란이나 아프가니스탄에서 생산된) 세세하게 묘사하고, 나 자신을 이 세밀화 속 영웅, 사물, 심지어는 악마와도 동일시함으로써 어떤 세계를 재현해 보려 시도했습니다.

이러한 경험을 통해 나는 'ekphrasis'에 대한 더욱 폭넓은 분석이 필요하다는 사실을 깨닫게 되었습니다. 사실 고대 그리스어로 'ekphrasis'라고 하건, 그냥 '묘사'라고 하건 간에, 문제는 실재 또는 상상의 산물로서 시각적 세계에 있는 '멋진 것들'을 그것을 전혀 보지 못한 사람들에게 말로 설명하는 일입니다. 우리의 논의가 사진 이전의 예술에서 출발했다는 것을 잊지 맙시다. 그때는 세상에 복사, 인쇄, 모사가 전혀 없었습니다. 간략하게 말하면, 'ekphrasis' 또는 '묘사'의 문제는 본 사람들이 보지 않은 사람들에게 자신들이 본 것을 말로 설명해야 한다는 것입니다.

이러한 유의 텍스트 가운데 가장 좋은 예는, 레오나르도 다빈치의 「최후의 만찬」에 대해 괴테가 1817년에 쓴 글입니다. 괴테가 이 글을 시작하는 방식은 오늘날 비행기 잡지에서 흔히 보는 기사 스타일과 아주 흡사합니다. 우선 독일 독자들에게 레오나르도 다빈치가 누구인지 소개합니다. 그리고 「최후의 만찬」이 아주 유명한 그림인데, '몇 년 전에' 밀라노에서 그 그림을 볼 기회가 있었다고 설명합니다. 괴테는 독자들이 이해하기 쉽도록 그림의 판화를 참고하라고 권합니다. 하지만 이 글은 대부분 자신이 본 아름다운 사물에 대해 전혀 보지 못한 사람에게 묘사하고 분석할 때 느끼는 즐거움과 희열 그리고 곤혹감으로 가득 차 있습니다. 괴테는 그림과 건축에 관심이 깊고, 색채에 대해 과감하고 부조리한 책도 쓴 작가입니다. 그러한 괴테의 문학적 재능이 시각적인 방면보다는 단어적인 방면에 치우쳐 있었다는 사실은 우리가 문학에서 자주 마주치는 모순입니다. 하지만 여기서 내가 강조하고 싶은 것은 다른 것입니다.

소설을 쓰고 싶다는 창조적인 충동은 시각적인 것들을 단어들로 표현하려는 의욕과 열정에 의해 더욱 활기를 띱니다. 당연히 모든 소설의 배후에는 개인적·정치적·도덕적 충동 또한 도사리고 있을 것입니다. 하지만 이 충동들은 다른 방법으로, 예를 들면 회고록이나 인터뷰, 시, 언론 노출 등으로도 충족시킬 수 있습니다.

어린 시절 1960년대 이스탄불 이야기입니다. 당시 터키에는 아직 텔레비전이 없었기 때문에 축구 경기를 라디오를 통해 아나운서의 '생중계'로 들었습니다. 이때 처음 '아나운서'에 해당하는 터키어가 생겼던 것 같습니다. 아나운서가 자신이 보고 있는 멋진 플레이를 묘사하면, 우리가 아주 잘 알고 있는 스타디움에서 축구 선수 누구가 경기장 어디로 뛰어가고 있고, 공이 지금 상대 팀 골대로 어떤 각도로 날아가고 있는지를 단어를 통해 우리 눈앞에 떠올리며 마치 실제로 경기를 보는 것처럼 느꼈습니다. 왜냐하면 하도 들어서 해설자의 목소리에, 솜씨에, 단어 선택에 익숙해져서(마치 우리가 좋아하는 소설가의 작품을 읽을 때처럼) 그가 쓰는 단어들을 쉽게 그림들로 전환할 수 있었기 때문입니다. 생중계를 듣는 것은 축구 경기를 관람하는 것만큼이나 우리에게 만족을 주었습니다. 소설 쓰기와 읽기도 이러한 소통에서 즐거움을 느끼고, 그것에 익숙해지고, 그것을 원하고, 세상을 단어들로 보고, 보이게 하는 행복입니다.

T. S. 엘리엇의 「햄릿과 그의 문제들」이라는 평론에 나오는, 한때 널리 알려졌지만 지금은 잊힌 '객관적 상관물'을 예로 들어보겠습니다.(먼저 지난번 강연과 관련해서, 엘리엇이 이 유명한 평론의 도입부에서 문학 작품에서 주인공의 정신 상태나 캐릭터는 그다지 중요하지 않다는 의견을 피력했다는 점을 상기시키고자 합니다.) 엘리엇이 말하는 '객관적 상관물'이란, 예술가가 어떤 예술 또는 문학 작품에서 자신의 감정을 표현하기 위해 제시하는, 그 감정과 객관적으로 연관되는 '일련의 사물, 어떤 정황, 사건의 연쇄'를 뜻합니다.

소설에 만약 '객관적 상관물'이 있다면, 그것은 주인공의 눈에 포착된 어떤 순간에 대한, 단어들로 만들어진 그림입니다. 엘리엇이 '객관적 상관물'이라는 표현을 미국의 낭만주의 풍경화가인 워싱턴 올스턴에게서 빌려 왔다는 사실을 상기합시다. 올스턴은 콜리지와 우정을 나누었던 시인이기도 합니다. 올스턴으로부터 30년 후, 네르발, 샤를 피에르 보들레르 그리고 테오필 고티에[23]를 포함한 일련의 프랑스 시인과 화가 들이 시에서 중요한 것은 내적·정신적 풍경이며, 풍경화에서 중요한 것은 '느낌'이라고 선언했습니다.

톨스토이는 상트페테르부르크행 기차에서 안나의 감정이 어떠했는지 설명하지 않습니다. 대신 우리가 그녀의 감정을 느끼도록 그림을 그립니다. 왼쪽 창문에서 보이는 눈, 침대차 안 움직임, 추운 날씨 등등. 톨스토이는 안나가 빨간 손가방에서 어떻게 소설책을 꺼냈고, 어떻게 그 조그만 손으로 무릎에 작은 방석을 올려놓았는지도 묘사합니다. 이쯤 되면 우리 독자들은 안나가 책에 집중하지 못하고 있으며, 고개를 들어 침대차 안 사람들에게 관심을 보이고 있다는 것을 알게 됩니다. 머릿속에서 톨스토이의 단어들을 안나가 보았을 그림들로 전환하면서 우리는 그녀의 감정을 느끼게 됩니다. 주인공이 아니라 독자의 관점에서 정황과 이미지를 묘사했던 전통적인 형식의 문학 서사, 예를

---

23 1811~1872. 프랑스 시인, 소설가.

들면 서사시나 전설을 우리가 읽고 있었다면, 안나는 소설을 의욕적으로 읽고 있고, 서술자가 지금 잠시 그녀를 제쳐 두고 주위 배경을 묘사하기 위해 객차 안을 설명하고 있다고 생각할 수도 있었을 것입니다. 죄르지 루카치[24]는 「설명하는 것인가, 묘사하는 것인가?」라는 논문에서 이 두 종류의 소설가를 명확히 구분합니다. 톨스토이의 『안나 카레니나』에서 우리는 경마 장면을 안나와 다른 주인공 브론스키의 관점에서 보고, 그들의 감정과 동일화되어 읽습니다. 하지만 에밀 졸라의 『나나』에서 묘사되는 경마 장면은 독자들이 외부의 관점에서 보게 되는데, 루카치의 표현에 따르면 "행동 이외에 불필요한 말과 비유로 가득한 설명과 더불어" 자질구레한 갖가지 정보와 묘사를 마주하게 됩니다. 어떤 소설에서 작가의 의도가 무엇이든 간에, 내가 풍경이라고 불렀던 것들, 즉 사물, 단어, 대화처럼 독자의 눈에 보이는 모든 것은 주인공이 느끼는 감정의 일부 또는 연장선으로 여겨집니다. 이 또한 내가 지난번 강연에서 언급한 소설의 감춰진 중심부 덕분에 가능한 것입니다.

엘리엇이 말한 '사물들'을 언급할 차례가 왔습니다. 내가 지난번 강연에서 언급한 소설 속 풍경은 스탕달의 『적과 흑』의 도입부에서 보았던 풍경과는 달리, 시내, 거리, 상점, 진열장, 방, 실내 장식, 가구, 일상용품 들로 이루어진 풍경입니다. 스탕달의

---

[24] 1885~1971. 헝가리 문학사가.

『적과 흑』은 이렇게 시작합니다.

베리에르라는 작은 도시는 프랑슈콩테 지방에서 가장 아름다운 도시의 하나로 통할 만하다. 붉은 기와를 얹은 뾰족한 지붕의 하얀 집들이 언덕의 비탈에 늘어서 있으며, 무성한 밤나무 수풀은 그 언덕의 작은 굴곡을 드러내 보인다. 두 강은 옛날에 스페인 사람들이 건축했으나 이제는 폐허가 된 그 도시의 요새 수백 피트 밑을 흐르고 있다.[25]

소설 예술이 19세기 중반에 비약적으로 발전하여 유럽에서 지배적인 문학 형식이 된 사실과 같은 시기 유럽이 전혀 예상치 못한 부를 축적하고, 그 결과 도시와 가정이 그때까지 전혀 누리지 못했던 물질적 풍요에 둘러싸인 사실이 전혀 관계가 없다고 보기는 어렵습니다. 산업혁명이 가져다준 어마어마한 풍요는 특히 도시에서 인류의 삶을 다양하고 새로운 도구, 소비재, 예술품, 옷, 직물, 그림, 장식품, 온갖 잡동사니 들로 에워쌌습니다. 신문들은 물건들을 소개했고, 그 물건들을 사용하기 시작한 계층의 일상생활과 취향도 점차 달라지기 시작했습니다. 도시의 수많은 광고와 다양한 간판은 서구 문명의 중요하고 다채로운 일부가 되었습니다. 이 모든 시각적 풍부함, 물건의 다양함, 도시의 혼란은 과거에는 분명하게 보였던 단순한 삶의 방식을 뒤

---

25 스탕달, 이동렬 옮김, 『적과 흑 1』, 민음사, 2004, 9쪽.

로 밀어냈습니다. 도시의 숲에서 사람들은 나무에 가려져 숲 전체를 보지 못하게 되었고, 배후에 숨은 의미가 있다고 느끼게 되었습니다. 생활 방식이 바뀌자 현대 도시인들은 새로운 삶의 의미를 새로운 사물들에서 찾기 시작했습니다. 어떤 사람이 사회나 소설에서 차지하는 위치는 집, 소유물, 옷차림, 방, 응접실, 가구, 잡동사니 들로 확인되었습니다. 1853년에 출판된 『실비』라는 시적이면서 무척 시각적인 소설에서, 네르발은 그 시절 유행이 지난 아파트를 장식하기 위해 잡동사니를 수집하는 풍습이 있었다고 말합니다.

유럽에서 소유물, 그림, 사물, 잡동사니의 풍부함이 불러일으킨 사회적·개인적 욕구를 소설 속 풍경으로 끌어들인 최초의 작가는 발자크입니다. 스탕달의 『적과 흑』과 같은 시기에 쓰인 『고리오 영감』은 둘 다 사건이 진행되는 장소가 어떻게 보이는지 (독자 관점에서) 서술하면서 시작합니다. 스탕달 작품에서 우리가 천천히 걸어 들어가는 곳은 어느 언덕에 자리 잡은 작고 예스러운 도시입니다. 그러나 발자크 작품의 배경은 전혀 다릅니다. 발자크는 현관문과 정원에서 시작하여 하숙집의 모든 세부 사항을 자세하게 묘사해 나갑니다. 우리는 집 안에 있는 천을 씌운 소파, 회색 대리석 위에 놓인 둥근 테이블, 백색 도자기 커피 잔 세트, 조화를 가득 채워 넣은 꽃병, 하숙집 냄새, 더럽혀진 병들, 가장자리가 푸른 두꺼운 도자기 접시 무더기, 청우계, 형편없는 판화, 초록색 난로를 봅니다. 이것은 단순히 주인공이 사는 곳의 물건들을 묘사하는 데 그치지 않고 하숙집 주인 보케르 부인의 캐릭터를 짐작할 수 있게 해 줍니다.

발자크에게 사물을 묘사하고 실내 장식을 살펴보는 것은 형사가 단서를 추적해 범인을 알아내는 것처럼 독자들이 소설 주인공들의 사회적 위치와 정신 상태를 짐작하게 해 주는 방법이었습니다. 플로베르가 35년 후에 발표한 『감정 교육』에서는 주인공들이 발자크가 그랬던 것처럼 소유물, 옷차림, 거실을 장식한 잡동사니를 통해 서로 알게 되고 평가를 내립니다.

〔바트나 양은〕 장갑을 벗고, 방 안의 가구들과 골동품들을 살펴보았다. (중략) 〔프레드릭의〕 훌륭한 취향에 대해 찬사를 보냈다. (중략) 그녀의 손목 둘레로 레이스 장식이 달려 있었고, 녹색 드레스의 상의에는 마치 기마병처럼 장식 끈이 달려 있었다. 가장자리가 축 처진 검은 망사로 된 모자가 그녀의 이마를 약간 가렸는데, (하략)[26]

이십 대에 나는 서양 소설을 읽다가 나의 제한된 삶의 경험을 뛰어넘는 사물과 의상에 관한 이러한 묘사와 마주칠 때마다 사전과 백과사전을 찾아봤습니다. 그래도 종종 단어들을 머릿속에서 그림으로 전환하는 데 어려움을 겪어야 했으며, 그럴 때는 그 사물을 어떤 심리 상태의 연장선으로 보려고 했고, 이에 성공

---

26 플로베르, 김윤진 옮김, 『감정 교육 2』, 펭귄 클래식 코리아, 2010, 89쪽.

하면 마음이 편해지곤 했습니다.

프랑스 소설을 한번 보도록 합시다. 발자크 작품에서 주인공의 사회적 위치를 드러내 보인 물건은, 플로베르 작품에 와서는 개인의 취향과 캐릭터를 제시하며, 졸라에 이르러서는 저자의 객관성을 보여 주기 위한 도구로 쓰입니다. 같은 물건들이 — 어쩌면 그것들은 같은 물건들이 아닐 수도 있습니다만 — 프루스트의 작품에서는 과거의 기억을 떠올리게 하는 힘으로, 사르트르의 작품에서는 존재의 불안을 나타내는 징후로, 로브그리예의 작품에서는 인간과 단절된 비밀스러운 독립체로 변합니다. 조르주 페렉[27]의 작품에서 물건들은 리스트에서 상표와 함께 열거될 경우 시적인 면이 보일 수 있는 비밀스러운 것들입니다. 맥락에 따라 이 모든 관점은 설득력이 있습니다. 무엇보다도 먼저 사물들은 소설 속 수없이 많은 짧은 순간들의 없어서는 안 될 일부일 뿐만 아니라, 이 순간들의 상징이자 표시이기 때문입니다. 우리는 어떤 소설을 읽을 때, 한편으로는 주인공들의 관점에서 세계를 보며 주인공들의 감정과 동일화되고, 다른 한편으로는 주인공 주변에 있는 사물과 풍경의 세부 사항들을 주인공의 감정과 연결 짓습니다. 소설 쓰기는 주인공의 감정과 생각을 주위에 있는 사물들과 통합하여, 이 둘을 하나의 문장으로 한순간에 보는 것입니다. 소박한 소설 독자가 그러듯이, 우리

---

27 1936~1982. 프랑스 소설가.

는 소설에 나오는 사건과 사물을, 드라마와 묘사를 서로 분리하지 않습니다. 우리는 그것들은 통합된 전체로 봅니다. 소설을 읽을 때 "나는 묘사들을 건너뜁니다!"라고 말하는 독자의 반응은 물론 소박한 것입니다. 하지만 사건과 묘사를 구분하는 작가는 이러한 반응이 나올 것을 알고 있었습니다. 어떤 소설을 읽고 그 안으로 들어갔을 때, 우리는 전체 풍경을 보지 못한 상태에서 숲의 어느 지점에 있는지 직감으로 파악하려고 합니다. 하지만 소설을 이루는 각각의 나무와 마주칠 때는, 그러니까 짧은 순간과 각각의 문장에서, 단지 사건, 흐름, 드라마뿐만이 아니라, 그 순간의 '시각적 상관물'도 보고 싶어 합니다. 이렇게 해서 소설은 우리 머릿속에서 실재하는 삼차원의 확실한 세계로 완성됩니다. 그렇게 되면 사건과 사물, 드라마와 풍경 사이에 어떤 구분이 느껴지기보다는, 우리가 실제 삶에서 경험하는 것처럼, 하나의 총체로서 다가옵니다. 나는 소설을 쓸 때 항상 먼저 머릿속에서 이야기를 한 장면 한 장면 그려 보고, '적절한 장면'을 선택하거나 창조해야 할 필요성을 느낍니다.

헨리 제임스의 예를 들어 보겠습니다. 제임스는 소설 『황금 주발』의 서문에서 이 소설을 누구의 관점에서, 어느 조연의 관점에서 이야기를 풀어 나가느냐 하는 문제를 어떻게 결정했는지 설명합니다.(제임스에게 이것은 항상 가장 중요한 기법 문제였습니다.) 이때 그는 "내 이야기를 본다."라는 표현을 사용하면서 서술자를 '화가'로 부릅니다. 사건과 거리를 둔 채 그다지 관여하지 않고, 도덕적 고민에도 빠지지 않기 때문입니다. 제임스는 소설 창작은 항상 단어로 그림을 그리는 것이라 여기고, 자신의 서문과 비평에서 '파노라마', '그림', '화가' 같은 표현을 문자 그대로의 뜻으로 또는 은유로 계속 사용한 작가입니다.

그 밖에 프루스트가 평생을 바친 자신의 유명한 소설에 대해 "나의 소설은 그림이다."라고 했던 말을 상기합시다. 소설 중반부쯤에서 『잃어버린 시간을 찾아서』의 주인공들 가운데 한 명인 유명 작가 베르고트는 요하네스 페르메이르의 풍경화 「델프트 풍경」에 나오는 황색의 작은 벽을 가리켜 어떤 비평가가 귀한 중국 미술품처럼 아름답다고 호평한 것을 신문에서 읽게 됩니다. 몸져누워 있던 그는 침대에서 일어나 구석구석 잘 알고 있다고 생각하는 그 그림을 보러 갔습니다. 그리고 페르메이르의 그림에서 황색의 작은 벽면을 보고, 후회에 젖어 생의 마지막 말을 합니다. "내 최후의 작품들은 모조리 무미건조하단 말이야. 이 황색의 작은 벽면처럼 거듭 덧칠해서 문장 자체를 값진 것으로 했어야 옳았어."

많은 프랑스 소설가가 그랬듯이, 예술 특히 그림에 아주 관심이 많았던 프루스트가 작가인 베르고트의 입을 빌려 자신의 느낌을 반영한 관점을 피력한 듯합니다. 하지만 먼저 "프루스트 씨, 당신이 베르고트입니까?"라고 질문하며 미소를 지어 봅시다.

내가 좋아하는 위대한 소설가들이 왜 화가처럼 되고 싶어 하는지, 왜 그림에 질투를 느끼는지, 왜 '화가처럼' 쓰지 못했다며 후회하는지 전혀 이해하지 못할 바는 아닙니다. 왜냐하면 소설 창작은 단어에 앞서 먼저 그림으로 세상을 상상하는 일이기 때문입니다. 우리는 머릿속으로 상상했던 그림을 단어로 표현하면서 독자들도 상상을 공유하기를 바랍니다. 더욱이 소설가는, 호라티우스의 화가처럼 뒤로 물러나 그림을 멀리서 편히 볼 수 없기 때문에(그러려면 소설을 한 번 더 읽어야 하니까요.) 묘사한 세계의 세부 사항에 ― 숲이 아니라 나무에 ― 각각의 순간에 화가보다 훨씬 더 가깝습니다. 그림은 우리에게 실재의 직접적인 묘사 또는 모방을 보여 줍니다. 우리가 어떤 그림 앞에 있을 때는 단지 그림에 속해 있는 세계만 느끼는 것이 아닙니다. 마르틴 하이데거가 빈센트 반 고흐의 「구두」라는 그림 앞에서 느꼈던 것처럼, 그림의 객관적 실재성과 물성도 느낍니다. 왜냐하면 그림은 우리로 하여금 세계와 거기에 속한 사물에 대한 묘사와 정면으로 마주하도록 하기 때문입니다. 소설에서는 작가의 묘사들을 우리 상상 속에서 그림으로 전환해야만 세계와 거기에 속한 사물과 마주할 수 있습니다. 성서에서는 "한 처음, 천지가 창조되기 전부터 말씀이 계셨다."라고 합니다. 소설 예술은 '먼저 그림이 있다. 하지만 그것을 단어로 설명해야만 한다.'라고 말하고 있습니다.

  그림과 이미지가 단어보다 앞선다는 것은, 상황을 직관적으로 이해하는 소설가들이 화가들에 대해 느끼는 은밀한 열등감 또는 뿌리 깊은 질투심을 설명합니다. 하지만 소설가는 단순히 화가가 되고 싶은 사람이 아니라, 단어와 묘사로 그림을 그리고 싶어 하는 사람들입니다. 이제 소설가가 주인공과 동일화되어 주인공의 눈으로 세상을 보는 작업과 사물을 단어로 묘사하는 작업 사이에서 나타나는 딜레마에 대해 말하고자 합니다. 제임스는 『황금 주발』의 서문에서 사건과 거리를 두고 멀리서 관망하는 서술자를 '화가'라고 했습니다. 하지만 내 생각에는 이것의 정반대가 옳습니다. 소설가는 주인공들을 둘러싸고 있는 사물들에 대해 주인공만큼이나 관심이 있으며, 소설 속 세계의 밖에 있는 것이 아니라, 정확히 그 안에 있기 때문에 '사물'들을 필요한 만큼 화가처럼 묘사할 수 있는 것입니다. 플로베르가 말한 '적절한 단어'를 찾기에 앞서 소설가들이 찾아야 하는 '적절한 심상' 역시 풍경, 사건, 소설 속 세계에 완전히 들어간 뒤에야 찾을 수 있습니다. 소설가가 주인공에게 느끼는 애정도 이렇게 해야만 드러날 수 있습니다. 소설에서 사물에 대한 묘사는 주인공들에게 느끼는 애정의 결과이며 표현입니다.

 내 정체성의 일부가 인간 형상을 그리는 일에 그다지 우호적이지 않은 이슬람 문화에 뿌리를 두고 있기 때문에, 나의 삶에서 한두 가지 예를 들고자 합니다. 내가 어렸을 때 이스탄불에는 세속 정부의 장려에도 불구하고, 그 앞에 서서 바라보는 즐거움을 느낄 수 있는 회화 예술이 없었습니다. 한편 이스탄불 극장들은 무슨 영화를 상영하건 관람객들로 연일 만원이었습니다. 하지만 영화를 볼 때는 마치 전통 서사시를 들을 때 그러했던 것처럼, 허구의 세상을 주인공의 관점이 아니라, 외부에서 멀리 떨어져서 판단하며 관람하곤 했습니다. 물론 외국 영화들이 대부분 서양, 기독교 세계에서 왔다는 사실도 무시할 수는 없었을 겁니다. 외국 소설이나 영화의 주인공에게 별 애정을 느끼지 못하는 것이 회화 예술에 관심을 느끼지 못하는 것과 연관이 있을 거라 내심 생각했지만, 완전히 이해하지는 못했습니다. 어쩌면 우리가 사물과 사람을 다른 사람들의 눈으로 보게 되면 우리가 속해 있는 공동체의 믿음으로부터 단절될지도 모른다는 두려움을 느꼈기 때문일 수도 있습니다. 나는 소설을 읽으면서 전통 세계에서 현대 세계로 이동했습니다. 이는 내가 응당 속해야 하는 공동체에서 떨어져 나와 외로움 속으로 이동해 들어간다는 의미도 되었습니다.

　　이 무렵 나는 일곱 살부터 꿈꿔 왔던 화가의 꿈을 접고 소설을 쓰기 시작했습니다. 나에게 이 결정은 행복해지기 위한 결정이었습니다. 어릴 때 그림을 그리면서 지극히 행복했습니다. 하지만 이 무렵 이 즐거움이 갑자기 그리고 한 번도 정확히 이해할 수 없었던 이유로 사라졌습니다. 그 후 35년 동안 소설을 쓰면서도 사실 내가 그림에 더 재능이 있다고 생각해 왔습니다. 하지만 알 수 없는 어떤 이유로, 이제는 단어들로 그림을 그리고 싶습니다. 나는 나 자신이 그림을 그릴 때는 더 천진하고 소박하며, 소설을 쓸 때는 더 성숙하고 성찰적이라고 느낍니다. 소설은 오로지 이성으로 쓰고, 그림은 오로지 재능으로 그리는 것 같습니다. 그림을 그리기 위해 선을 긋고 색을 칠하면 내 눈은 내 손의 결과물을 거의 경탄의 눈으로 바라보았고, 나의 이성은 이 모든 것을 아주 나중에야 이해하곤 했습니다. 소설을 쓸 때도 이와 같은 흥분에 휩싸이고 나서 한참 후에야 나 자신이 숲 속 어디에 있는지 이해하곤 합니다.

　빅토르 위고에서 아우구스트 스트린드베리[28]까지 소설 외에 그림에서도 행복을 느낀 작가는 많습니다. 격동적인 풍경화를 그리는 것을 좋아했던 스트린드베리는 『하녀의 아들』이라는 자전적 소설에서 그림 그리는 것이 자신을 "아편을 피운 것처럼, 이루 말로 표현할 수 없을 정도로 행복하게" 한다고 말했습니다. 소설에서도, 그림에서도 가장 숭고한 목적은 이러한 행복일 것입니다.

28　1849~1912. 스웨덴 극작가, 소설가.

5

박물관과
소설

나는 오랫동안 이스탄불에 박물관을 세우는 준비를 해 오고 있습니다. 이를 위해 10년 전 내 집필실에서 가까운 추쿠르주마 지역에 있는, 1897년에 지어 폐허가 된 건물을 샀습니다. 건축가 친구의 도움으로 그 건물은 서서히 요즘 유행과 내가 원하는 방식에 따라 박물관 공간으로 바뀌어 나갔습니다. 이 일을 하면서 한편으로는 소설을 썼고, 그 소설에서 그 집에 1975년에서 1984년까지 살았다고 상상했던 어떤 허구의 가족이 사용한 물건들을 고물상과 벼룩시장에서 찾고, 옛날 물건들을 버리지 않은 지인들로부터 모으기 시작했습니다. 나의 집필실은 옛날 약병, 단추가 가득 든 봉지, 복권, 게임 카드, 옷, 부엌용품 같은 것들로 서서히 채워지고 있었습니다.

나는 소설을 위해, 대부분 충동적으로 샀던 — 예를 들면 모과 강판 — 물건에 적합한 상황, 순간, 장면 들을 상상했습니다. 예를 들면, 내 소설의 여주인공 퓌순에게 어울릴 오렌지색 장미꽃과 초록색 잎사귀 무늬의 원피스를 먼저 고물상에서 샀고, 나중에 이 허구의 인물이 이 옷을 입은 장면(운전 연습 장면!)을 쓸 때 그 옷을 앞에 놓고 세부적인 것을 쓰기 시작했습니다.

이스탄불 고서점에서 본 1930년대 흑백사진은 주인공들 가운데 한 명의 젊은 시절 사진이라고 상상했고, 이 사진에 나온 것들에 관해 쓰거나 때로는 사진에 대한 설명을 집어넣기도 했습니다. 내 소설이 대부분 그러하듯이, 나의 주인공들에게는 나 자신, 어머니, 아버지, 친척들의 이야기가 많이 반영되었기 때문에, 내가 좋아하고 추억하는 물건들을 그들에게서 가져와, 내 앞에 놓고 세부적인 것들을 묘사하며 소설의 일부로 만들었습니다.

이런 식으로 물건들을 구한 다음 그것들을 보고 묘사하는 방식 외에도, 때로는 반대로 소설이 필요로 하는 물건들을 상점에서 찾거나 예술가나 장인에게 주문제작 해 가면서 집필한 끝에 『순수 박물관』을 탈고하여 2008년에 출간했습니다. 소설을 다 썼을 때 나의 집필실과 집은 물건들로 가득 찼습니다. 그리고 소설에서 설명한 박물관을 실제로 짓겠다는 나의 의지도 확고해졌습니다. 하지만 오늘 우리의 주제는 이 박물관이 아닙니다. 소설에서 언급된 물건들을 모으거나 물건들과 관련된 기억에서 출발하여 한 편의 소설을 구상하는 것도 오늘의 주제가 아닙니다. 오늘의 주제는 내가 실제 물건, 그림, 옷, 사진 들과 소설을 어떤 충동으로 관련지었는지에 관한 것입니다. 지난번 강연에서 그림과 사물에 대해 언급할 때 피력했던 소설가의 질투, 소설가의 화가를 향한 은밀한 또는 노골적인 질투가 오늘 우리의 출발점입니다. 나는 지금 하이데거가 '예술 작품의 물성'이라고 부른 것과 대비되는, 독자의 적극적인 상상력을 필요로 하는 소설의 특성이 야기한 결핍감에 대해 언급하고 있습니다.

우리가 소설을 읽을 때, 소설을 매개로 해서 생각할 때 느꼈던 이 결핍감을 이해해 보려고 합시다. 어떤 소설 속으로 들어갈수록, 소설의 숲 속에서 행복과 호기심에 싸여 길을 잃을수록, 소설의 세계는 우리가 사는 삶보다 훨씬 더 실재처럼 느껴집니다. 이것의 한 원인은, 소설의 감춰진 중심부가 삶의 가장 기본적인 특징과 관련이 있어서 소설이 삶보다 더 진짜라는 느낌을 주기 때문입니다. 또 다른 이유는 소설이 일상적이고 평범하며 설득력 있는 감각에 기초를 두고 있기 때문입니다. 그리고 — 우리가 추리 소설, 애정 소설, 공상과학 소설처럼 일반적으로 정형화된 형식의 장르 소설을 읽을 때 느끼는 것처럼 — 우리 삶에서 결여된 감각과 경험 들을 소설에서 찾을 수 있기 때문입니다.

그 이유가 무엇이든, 소설에 푹 빠져 읽을 때 세상의 소리, 냄새, 모습 들과 마주칠수록 우리는 삶에서 찾지 못한 현실감을 느낍니다. 하지만 달리 생각하면, 소설에는 보거나 만질 수 있는 물건도, 냄새도, 소리도, 맛을 볼 무엇인가도 없습니다. 좋은 소설을 읽을 때 우리는 머릿속 한편에서 우리가 현실 깊숙이 들어와 있으며 이것이 바로 인생이라고 느낍니다. 하지만 동시에 우리의 감각은 그러한 것이 전혀 존재하지 않는다고 말해 줍니다. 내 생각에 이러한 모순된 상황이야말로 우리 안에 있는 깊은 결핍감의 원천인 것 같습니다.

우리가 읽은 책이 강렬하고 설득력이 넘치는 만큼 우리 마음속 결핍감도 깊어집니다. 우리의 영혼에 있는 '소박'한 구석이 소설에 지극히 빠져 있을 때는 그 세상이 상상의 산물이라는 사실을 받아들이는 것만으로도 실망을 느끼게 됩니다. 소설의 허구성에 관한 모든 이론을 알고 있음에도, 내가 소설 주인공 케말이 아니라는 것을 잊은 교수인 내 친구처럼, 독자들도 소설 속 꽤 많은 것이 작가 상상력의 산물임을 알면서도 이 실망감에서 벗어나기 위해 소설에서 묘사하는 세상을 자신의 감각으로 확인하고 싶어 합니다.

열여섯 살에서 서른 살 사이에 중요한 프랑스 소설을 모두 읽은 후 파리에 갔을 때, 나는 그동안 읽은 대표적인 프랑스 소설들에 나왔던 장소들로 달려갔습니다. 페르 라셰즈 공동묘지 언덕에서 발자크의 주인공 라스티냐크처럼 파리를 바라보려 했지만(나의 첫 소설 『제브데트 씨와 아들들』에는 스스로를 라스티냐크라고 칭하며 롤모델로 삼았던 주인공이 있습니다.) 그 평범함에 놀라고 말았습니다. 사르트르의 소설 『이성의 시대』의 첫 문장에서 언급된 베르생제토릭스 거리도 마찬가지였습니다. 소설 예술의 배경이 된 유럽 대도시들은 소설로 사고하는 것을 배우고, 배운 것이 단지 상상이 아니라는 것을 확인하고자 비서구에서 날아온 작가 지망생들로 가득 차 있었습니다. 손에 『돈키호테』를 들고 스페인을 여행하는 소설 애호가들을 우리는 알고 있습니다. 여기에서 아이러니는 이 소설 주인공도 기사도 소설과 실재를 혼동했다는 것입니다. 허구와 실재 사이를 탐구한 사례 가운데 가장 충격적인 것은, 모든 소설은 동화라고 말한 나보코프가 1872년에 『안나 카레니나』의 배후에 있는 '실재'를 보여 주는 주석이 들어간 판본을 준비하려 시도한 사건일 것입니다. 이 작업이 도중에 중단되기는 했지만, 나보코프는 안나가 모스크바에서 상트페테르부르크로 갈 때 탔던 객차의 설계를 조사하여 그렸습니다. 여성 전용 침대차가 얼마나 초라한지, 가난한 여행객들은 어떤 자리를 배정받았는지, 난로와 창문은 어디 있으며, 모스크바-상트페테르부르크 간 거리가 몇 마일인지 등을 자세하게 언급했습니다. 이러한 주석들은 소설의 세계관이나 안나의 생각을 이해하는 데는 전혀 도움이 되지 않습니다. 하지만 즐겁게 읽을 수는 있죠. 이러한 작업은 우리가 안나의 이야기를 실재인 양 여기고 그녀의 존재를 더욱더 확신하여, 한순간이나마 우리 내부에 있는 실망감과 결핍감을 잊게 해 줍니다.

한편으로는 소설이 전적으로 허구이자 상상의 산물이라는 것을 인정하면서도, 다른 한편으로 소설은 상상의 산물이 아니고, 아주 사소한 세부 사항까지 실재에 맞게 묘사되었다고 믿고 싶어 하는 독자들의 노력에는 지금 언급하고 싶은 중요한 어떤 자긍심도 한몫합니다. 앞에서 나는 우리가 소설을 읽을 때, 어떤 그림을 보고 있을 때와는 달리 실재하는 어떤 것과 마주하고 있지 않으며 단어들을 머릿속에서 그림으로 전환하여 상상력을 통해 소설 속 세계를 완성한다고 말했습니다.(이러한 이유로 모든 독자는 같은 소설을 읽고도 각자의 방식으로, 각자의 이미지로 기억합니다.) 물론 어떤 독자의 상상력은 게으르고, 어떤 독자의 상상력은 부지런합니다. 상상력이 게으른 독자들에게 호소하는 작가들은 독자가 머릿속에서 떠올려야 하는 그림이 아니라, 그 그림이 독자의 머릿속에서 떠올랐을 때 느낄 수 있는 생각과 감정을 독자에게 말해 버리고 맙니다. 독자의 상상력을 믿는 작가들은 소설의 순간을 이루는 그림을 오로지 단어로써 묘사하고 설명할 뿐, 어떤 생각과 감정을 느껴야 할지는 독자에게 맡깁니다. 때로—사실은 아주 자주—우리의 상상력은 적합한 그림을 그리거나 거기에 맞는 감정을 느끼지 못합니다. 그러면 우리는 "소설을 이해하지 못했어."라고 말합니다. 그럼에도 우리는 대부분 열심히 상상력을 작동시켜 가면서, 작가가 암시하거나 텍스트가 우리 머릿속에서 창조하려 하는 그림을 우리 눈앞에 가져오기 위해 온갖 노력을 다 쏟습니다. 소설을 이해하기 위해, 소설이 묘사한 그림을 우리의 상상 속에서 보기 위해 쏟는 온갖 노력은 서서히 우리가 소설을 자긍심과 함께 소유하게 해 줍니다. 나는 소설이 오로지 우리를 위해 쓰였고, 오로지 우리만이 소설을 이해한다고 생각하는 감정에 대해 말하고 있는 것입니다.

이러한 소유의 감정은, 독자가 소설을 머릿속에서 떠올려 완성하고 상상력을 작동해 '실현'시키는 것과도 관련이 있습니다. 결국 소설가가 소설을 '실현'시키려면, 우리처럼 부지런하게 상상력을 작동하는 통찰력 있고 인내심 있는 독자가 필요합니다. 우리는 자신이 그런 특별한 독자라는 것을 증명하기 위해서 소설이 상상의 산물이라는 것을 잊은 척하고, 사건이 진행되었던 도시, 골목, 집으로 찾아갑니다. 이러한 행위 이면에는 소설 속 세계를 더 잘 이해하려는 바람 못지않게 모든 것이 '우리가 상상했던 것과 정확히 같다.'는 것을 확인하려는 충동도 있습니다. 소설가가 '적절한 단어'로 우리에게 말한 '적절한 심상'을 실제 거리에서, 집에서, 사물에서 보고, 소설을 읽을 때 느꼈던 결핍감을 해소할 뿐만 아니라(소설 속 세계를 우리 눈으로 보다니!) 우리 독자들에게 소설을 읽을 때 세부적인 부분까지 옳게 상상했다는 자긍심을 안겨 줍니다.

이러한 유의 자긍심은 소설과 박물관 또는 소설 독자와 박물관 관람객을 통합하는 공통의 감정입니다. 오늘의 주제는 박물관이 아니라 소설입니다. 하지만 소설을 읽을 때, 독자의 상상력이 어떤 충동으로 작동하는지를 더 잘 보여 주기 위해 이 자긍심이나 박물관과 관련된 사례를 계속 언급하겠습니다. 체스 선수가 상대의 다음 공격을 추측하며 경기하듯, 소설가는 독자의 상상력을 계산에 넣으며, 상상력을 작동시키는 이 충동 또한 염두에 두고 소설을 쓴다는 사실을 잊지 맙시다. 독자의 머릿속

이 어떻게 작동할지 추측하는 작업은 소설가의 여러 출발점 가운데 가장 중요한 것입니다.

나는 박물관과 소설이라는 이 복잡한 주제를 세 가지로 분리해서 단순화시키고자 합니다. 세 가지 주제는 사실 서로 맞물려 있으며, 그 공통점이 자긍심이라는 것을 잊지 맙시다.

1. 자존감

박물관의 배후에는, 17세기부터 시작해서 먼 나라에서 어렵게 구해 온 조개껍데기, 광물 표본, 식물, 상아, 그림 들을 전시하며 자신의 힘을 과시하고 싶어 했던 부자와 권력자 들의 '진기한 것들의 방(Wunderkammern)'이 있었다는 것을 기억합시다. 이러한 의미에서 최초의 박물관은 유럽의 왕자와 왕 들이 소유한 궁전의 가장 화려한 방과 거실 들이었습니다. 이곳에서 권력자들은 자신의 힘, 취향, 교양을 사물과 그림을 통해 과시했습니다. 이후 기존 지배층이 물러나고 루브르 같은 궁전이 박물관으로 전환되었지만, 그 공간의 의미는 그다지 달라지지 않았습니다. 루브르 박물관은 이제 프랑스 왕이 아니라, 프랑스 국민의 힘, 문화, 취향을 대변하고 있으며, 그림과 다른 예술품들은 일반 관람객에게도 개방되었습니다. 이러한 변화는 거칠게 말하면, 왕과 기사의 모험을 노래한 서사시가 중산층의 삶을 이야기하는 소설로 대체된 것에서도 찾아볼 수 있습니다. 하지만 내가 여기서 진정 역점을 두고 있는 것은 박물관과 소설이 상징하는 힘이 아니라, 그 둘이 가진 보존하고 기록하는 특성입니다.

소설이 일상생활의 경험과 감각을 묘사하고, 삶의 본질적인 순간을 포착하는 작업을 통해 독자를 일깨운다는 얘기는 앞에서 여러 차례 했습니다. 동시에 소설은 인간적인 감정, 우리 주위의 평범한 일상, 제스처, 말, 태도 들에 대한 강력하고 풍부한 기록 보관소 역할을 합니다. 우리가 살면서 인식하지 못했던 다양한 소리, 단어, 일상 구어, 냄새, 모습, 맛, 물건, 색깔은 오로지 소설가들이 이것들을 인식하고 단어로써 주의 깊게 배치했기 때문에 보존될 수 있었습니다. 우리가 박물관에서 어떤 사물 또는 그림을 봤을 때 그것이 어떻게 인간의 삶과 이야기와 세계관에 영향을 끼쳤는지는 카탈로그의 도움으로만 추측할 수 있습니다. 소설에서는 사물들뿐만 아니라, 이미지, 대화, 냄새, 이야기, 신념, 감각 등이 일상생활의 일부로서 묘사되고 보존됩니다.

삶의 방식과 태도, 풍습 등을 보존하는 소설의 이러한 특성은 특히 평범한 일상생활의 대화에서 두드러집니다. 마르그리트 유르스나르[29]는 「역사 소설의 어조와 언어」라는 탁월한 논문에서 유명한 역사 소설 『하드리아누스 황제의 회상록』과 『암흑 작업』을 집필할 당시 서술자의 목소리를 찾기 위해 어떤 책, 작가,

---

29 1903~1987. 벨기에 태생의 미국 작가로 프랑스어로 작품 활동을 했다.

회고록 들을 참고했으며 어떻게 분위기를 창조했는지를 설명하고 있습니다. 그녀는 19세기에 축음기가 발명되기 이전 인류의 '목소리', 그러니까 수만 년 동안 수백만 명이 낸 소리가 영원히 회복 불가능한 상태라는 것을 상기시키며 본론으로 들어갑니다. 마찬가지로 19세기 들어 위대한 소설가와 극작가 들이 등장하기 전에는 자연스럽고 일관성이라곤 없으며 복잡하기만 한 사람들의 일상 대화를 기록한 작가는 단 한 사람도 없었습니다. 유르스나르는 "콩 요리 접시 좀 건네줘.", "누가 문을 열어 놨어?", "조심해, 비가 온다잖아!"처럼 일상생활에서 곧장 끄집어내어, 문체와 스타일의 변형을 겪지 않은 평범한 대화가 소설에서 얼마나 중요한지 지적하고 있습니다.

만약 소설을 소설이게 만든 것이, 인생의 심오한 의미를 드러내기 위해 평범한 일상생활을 관찰하여 얻은 결과 가운데 두드러지는 면을 추출해 상상력으로 새로운 질서를 부여하는 것이라면, 유르스나르의 말은 오늘날 우리가 아는 소설 예술이 겨우 19세기에야 완성되었음을 알려 줍니다. 평범한 일상생활의 대화가 가진 힘과 설득력이 없는 소설을 상상하기는 어렵습니다. 왜냐하면 소설 세계의 기초가 되는 일상 언어는 평범한 순간과 임의의 감각을 구성하는 천연의 재료이기 때문입니다. 물론 이러한 일상 대화가 반드시 세세히 기록되어 페이지마다 배치되고 한 단락당 한 문장씩 쓰여, 소설 풍경을 지배할 필요는 없습니다. 프루스트에게서 배워야 할 수많은 중요한 교훈 가운데 하나가 바로 이것입니다.

마치 박물관이 사물을 보존하는 것처럼, 소설은 인간의 평범한 생각과 이 주제에서 저 주제로 건너뛰곤 하는 이성의 불연속성을 구어로 표현함으로써 언어의 묘미와 색과 냄새를 보존합니다. 소설은 단어, 표현, 관용구만 보존하는 것이 아니라, 그것들이 일상 대화에서 어떻게 사용되는지도 기록합니다. 우리는 조이스의 작품을 읽을 때면 일상 언어의 묘미와 언어유희를 발견하고, 마치 말을 처음 배우는 아이를 바라볼 때처럼 행복감에 사로잡히게 됩니다. 그러나 조이스 이후로, 포크너에서 울프까지, 헤르만 브로흐[30]에서 가브리엘 마르케스까지 모든 위대한 작가들은 내적 독백을 통해 우리 머릿속이 어떻게 작동하는지 보여 주기보다는, 언어가 우리 삶에 미치는 아름다움과 기이함을 관찰하며 즐거워했습니다.

일상 언어의 포착은 산문 소설을 정의하는 중요한 기준이고, 이러한 점에서 최초의 터키 소설은 1896년에 출판된 레자이자데 마흐무트 에크렘[31]의 『마차 열애』입니다. 서구화의 흐름 속에서 지나친 서구 편향의 위험성과 지식인들의 작위적인 행동에 중점을 두었다는 면에서 오스만 제국 때 만들어져 오늘날에도 여전히 쓰이고 있는 장르 용어인 '동서양 문제를 다룬 소설'

---

30 1886~1951. 오스트리아 소설가. 3부작 『몽유병 환자』로 명성을 얻었다.
31 1847~1914. 오스만 제국 시기 시인, 소설가. 터키 최초의 사실주의 소설 『마차 열애』를 썼다.

의 초기 사례로 꼽힙니다.(내 소설 『하얀 성』 역시 이러한 소설 전통에 작게나마 기여했다고 생각합니다.) 이 소설의 탁월한 면은 서구를 동경하는 19세기 후기 오스만 제국 지식인이 겪는 — 잘레 파를라[32]의 표현을 따르면 — '희비극적인 이성의 혼란'을 터키어와 프랑스어의 이해하기 어려운 혼용을 통해 묘사한 점입니다. 톨스토이도 『전쟁과 평화』에서 나폴레옹과 전쟁을 치르는 와중에도 일상생활에서는 프랑스어로 대화하는 러시아 특권층의 작위적인 생활 방식을 우리에게 보여 줍니다. 하지만 『마차 열애』는 『전쟁과 평화』의 과감한 구성과 심오한 깊이와는 거리가 멉니다. 단지 '사실주의적' 풍자일 뿐입니다. 톨스토이, 엘리엇, 토마스 만의 작품(또는 V. S. 나이폴, 밀란 쿤데라, J. M. 쿳시, 페터 한트케가 최근 몇십 년 동안 발표한 최고의 작품)을 읽을 때 우리는 머리 한구석에서 계속해서 소설의 감춰진 중심부를 골똘히 궁리하지만, 에크렘의 작품을 읽을 때는 전혀 다릅니다. 우리는 단지 창조적으로 잘 규명된 일상 언어에 매료될 뿐입니다. 처음 이 기이하고 독특한 소설을 읽었을 때 폭소를 터뜨리며 웃었고, 1896년 이스탄불에서 오스만 제국 지식인의 사고와 일상 언어에 잠기는 듯한 행복감도 느꼈습니다. 구어의 창조적인 사용과 생생한 묘사라는 소설 쓰기의 가장 큰 묘미와 행복감은 안타깝게도 문장이 다른 언어로 번역되고 난 다음에는 대부분 사라지고 맙니다.

32 1945~ . 터키 문학 이론가, 비평가.

유르스나르가 말한 대로, 평범한 일상 대화가 소설 예술이 등장하기 이전에는 기록되지 않았다는 사실은 우리에게 '역사 소설'이 가진 모순과 불가능을 상기시켜 줍니다. 1901년에 쓴 편지에서 제임스는 역사 소설의 '치명적인 천박함'과 독자들의 소박함(그는 프랑스어 'naïveté'를 사용합니다.)에 대해 언급하면서, 단지 단어들뿐만이 아니라, 다른 시대의 의식을 꿰뚫어 보고 재현하는 작업의 어려움에 대해서도 설명하고 있습니다. 나는 역사 소설 『내 이름은 빨강』을 쓸 때, 오스만 제국의 재판 기록이나 상거래 기록을 주의 깊게 읽으며 일상생활의 세부적인 면들을 찾는 것만으로는 이 인위성을 극복하기 어렵다는 것을 알게 되었습니다. 그래서 생소하기만 한 16세기 이스탄불의 일상 대화라는 문제에 부딪혔을 때 시대를 재현하면서 일어날 수 있는 실수로부터 소설을 보호하기 위해 오히려 그 인위적인 면을 드러내고 과장해야 한다는 결론을 내렸습니다. 그리고 가끔 주인공들이 독자 쪽으로 고개를 돌리고 말하고, 사물과 그림 들이 말을 하게 했습니다. 그리고 지금 우리가 사는 세계와 관련된 이야기를 계속 끼워 넣었습니다.

호르헤 루이스 보르헤스, 이탈로 칼비노[33]처럼 엄밀히 말하면 소설가라기보다는 소설의 형이상학을 연구한 작가들의 영향으로 1980년대부터 세계 소설에 등장한, 일반적으로 포스트모더

---

33 1923~1985. 이탈리아 소설가.

니즘이라고 불리는 새로운 조류는 소설의 진정성과 설득력 — 제임스 못지않게 유르스나르도 몰두한 주제지요. — 을 증가시켰고, 소설이라는 매개를 통해 사고하는 전통을 강화했습니다.

하지만 내가 이제 자세히 설명할 박물관 같은 특성이 있는 소설들은 생각을 일깨우기보다는 간직하고 보존하며 잊히는 것에 저항하는 데 중점을 둡니다. 마치 서양에서 가족들이 일요일에 박물관에 가서 자신의 과거 가운데 일부가 잘 보존된 것을 보고 행복감을 느끼는 것처럼, 소설 독자들도 책장을 넘기다 실제 버스를 탔던 정거장, 읽었던 신문, 좋아하는 영화, 창밖으로 보았던 저녁노을, 마셨던 사이다, 보았던 포스터와 광고, 걸었던 골목과 거리와 광장 —『검은 책』을 발표한 후 독자들이 소설에 나온 거리를 걷는 모습을 직접 목격하기도 했습니다. — 들어갔던 상점(알라딘의 가게 같은), 입었던 옷과 마주할 때 커다란 행복감을 느낍니다. 이 행복감의 한 원인은, 우리가 박물관에서 느끼는 어떤 착각과 비슷합니다. 이는 역사가 공허하고 무의미하지만은 않으며, 우리 삶에서 무엇인가는 간직될 거라는 느낌과 자긍심입니다. 진정한 문학과 소설의 불멸성에 관해 널리 퍼진 공허한 믿음들도 이 자긍심과 위로를 뒷받침해 줍니다.(나도 자주 이런 믿음에 사로잡히곤 합니다.) 소설 독자들이 느끼는 희열은 박물관 관람객들이 느끼는 그것과는 다릅니다. 소설은 사물 자체가 아니라, 사물과 우리의 지각이 만나는 순간을 보존하기 때문입니다. 색깔, 소리, 말, 풍경이 우리에게 어떻게 보이는지 기록하고, 최소한 어느 기간 동안 보존하기 때문입니다. 이는 단순히 우리에게 속한 사물들뿐만이 아니라, 우리의 경험과 우리의 삶이 소설에 기록되어 보존된다는 느낌입니다.

많은 소설가가 그러했듯이, 나도 이런 말을 많이 들었습니다. "당신은 바로 내가 본 것들을 보고, 느낀 것들을 느꼈군요. 마치 내 인생을 쓴 것 같아요." 이 호의적인 말에 기뻐해야 할지 속상해해야 할지 알 수가 없습니다. 왜냐하면 이 말을 들을 때마다 내가 무(無)에서 상상력만으로 이야기를 지어내는 창조적인 소설가 아니라, 어떤 공동체에서 모두 함께 공유하는 어떤 삶을 기록하는 역사가인 것처럼 느껴지기 때문입니다. 내 생각에 소설가는 충분히 명예롭고 만족스러운 직업입니다. 하지만 친절한 독자들의 호의적인 말들은 시간이 흘러 역사와 함께, 죽음과 함께 공동체가 흩어지면 소설도 잊힐 거라는 느낌을 줍니다. 역사는 대부분 그런 방식으로 흘러왔으니까요. 소설의 지속성, 작가의 불멸성 같은 인간의 허영심에 뿌리 깊이 연결된 주제는 이제 그만두고, 소설과 박물관에 대한 두 번째 주제로 넘어가겠습니다.

2. '차별화되는' 느낌

프랑스 사회학자 피에르 부르디외가 예술 작품에서 희열을 느끼는 예술 애호가들이 경험하는 차별화되는 느낌을 사회적인 면에서 심오하게 다룬 책들을 나는 좋아합니다. 부르디외는 박물관과 박물관 관람객에 대해 일련의 관찰을 했습니다. 하지만 나는 그의 아이디어를 소설가와 소설 독자에게 적용해 보겠습니다.

10년 전쯤 이스탄불 지식인 사이에서 널리 알려진 일화로 시작해 보지요. 터키에서 프루스트 전집은 1940년대와 1960년대에 두 차례 부분적으로 번역이 시도되었다가 1996년과 2002년 사이에 로자 하크멘[34]이 드디어 완역에 성공했습니다. 터키어의 만연체 경향과 섬세함이 총동원되었지요. 이스탄불의 주요 신문사들은 대부분 이 성공적인 번역에 환호를 보냈고, 터키 언론과 텔레비전도 프루스트에 대해 비중 있게 보도했으며, 처음 몇 권은 베스트셀러가 되었습니다. 그 무렵 이스탄불 공과대학에서는 신학기 등록 기간을 맞아 신입생들이 길게 줄을 서서 기다리고 있었습니다. 이야기에 따르면, 뒷줄에 서 있던 어떤 여학생이 가방에서 조금은 자랑스럽게 『잃어버린 시간을 찾아서』를 꺼내 읽기 시작했습니다.(그 여학생의 이름을 아이셰라고 합시다.) 그녀는 지난번에 읽은 부분을 다시 찾아 읽으면서 가끔 고개를 들고, 4년을 함께 보낼 다른 학생들을 쳐다봤습니다. 특히 약간 앞줄에 서 있는, 굽 높은 구두를 신고 진하게 화장했으며 비싸지만 촌스러워 보이는 옷을 입은 다른 여학생의 천박한 태도를 보며 조롱하

---

34 1956~ . 터키 번역가.

듯 미소를 지었습니다.(그 여학생의 이름은 제이넵이라고 합시다.) 그러고는 프루스트의 책을 더욱더 집중해서 읽었습니다. 하지만 잠시 후 책에서 눈을 떼고 다시 고개를 든 아이셰는 제이넵도 가방에서 프루스트의 그 책을 꺼내 읽는 것을 보고 절망에 빠졌습니다. 아이셰는 제이넵처럼 옷을 입는 아이도 읽는 책을 읽을 수는 없다고 생각하여 프루스트를 읽는 것을 그만두었다고 합니다.

  아이셰가 자신이 제이넵과는 다르다는 것을 증명하기 위해 박물관에 갔다는 것을 우리에게 보여 주면서, 부르디외는 그녀의 결정에 상당히 많은 계급 의식과 공동체 의식이 얽혀 있음을 보여 줍니다. 이 이야기에서 알 수 있듯이, 소설 읽기에도 같은 원리가 적용되지만, 그때는 더욱 사적인 측면과 개인의 특성이 수반된다는 것을 강조하고 싶군요. 소설을 읽을 때 우리는 작가가 오로지 우리하고만 얘기한다는 느낌에 사로잡히고, 그 결과 작가가 단어로 그린 그림들을 찾으려고 아주 많은 공을 들여 노력한다는 얘기는 앞에서도 했습니다. 결국 우리는 그동안 기울인 노력 때문에라도 그 소설에 애착을 품게 됩니다. 같은 이유에서 하도 읽어서 페이지들이 해지고 귀퉁이가 접힌 소설책들을 소중히 간직하고 싶어 하고요. 1980년대 이스탄불에서는 단체관광이 막 붐을 이루고 있었습니다. 그 무렵 관광객들이 호텔 방에 놓고 간 책들을 모아서 파는 고서점에 가면 형형색색의 포켓북 사이에서 읽고 싶었던 책을 찾을 수 있었는데, 사람들이 별로 노력을 기울이지 않고도 읽을 수 있었던 책들만 놓고 간다는 사실을 알 수 있었습니다.

소설 읽기와 상상하기에 투자되는 노력의 이면에는 다른 사람들과 차별화되고 특별해지고 싶은 바람이 숨어 있습니다. 이 감정은 우리와는 다른 삶을 사는 소설 주인공들과 동일화되고자 하는 바람과도 맞물려 있습니다. 조이스의 『율리시스』를 읽을 때, 우리는 먼저 우리와는 차별되는 주인공들과 동일화되려고 노력하기 때문에 기분이 좋습니다. 그들은 우리와는 삶, 꿈, 환경, 공포, 장래희망, 전통, 모든 면에서 다르니까요. 하지만 무엇보다도 아주 '어려운' 책을 읽기 때문에 기분이 좋은 겁니다. 머릿속 한구석에서 우리가 특별한 일을 하고 있다고 생각하는 거지요. 조이스 같은 어려운 작가의 작품을 읽을 때, 우리 두뇌 한구석에서는 조이스 같은 작가를 읽고 있는 우리 자신을 축하하느라 분주합니다.

학기 등록 첫날 가방에서 프루스트의 책을 꺼낼 때 아이셰는 줄을 서서 기다리느라 시간을 허비하고 싶지 않았다기보다는, 아마도 자신의 차별성을 드러내고 자신과 같은 부류의 학생을 쉽게 찾을 수 있는 사회적인 제스처를 보이고 싶었을 것입니다. 아이셰는 자신이 한 제스처의 의미를 아주 잘 의식하고 있는 '성찰적인' 독자라고 할 수 있습니다. 짐작컨대 제이넵은 소설이 독자에게 제공하는 이 차별화되는 감정을 아이셰만큼 느끼지 못하는 '소박한' 독자일 것입니다. 실제로 그렇지 않더라도 최소한 아이셰의 눈에는 그렇게 보였을 것입니다. 독자가 소박하거나 성찰적이라는 것은 소설의 인위성에 주목하느냐 아니냐 하는 문제와 관련이 있으며, 그 소설이 어떤 맥락에서 어떻게 읽히고, 그 맥락에서 작가가 어떠한 위치를 차지하는지에 주목하고 궁금해하는 것과도 관련이 있습니다.

이러한 관점을 반박하는 증거로 역사상 가장 위대한 정치소설인 『악령』이 있습니다. 도스토옙스키는 이 작품을 정적들, 즉 러시아의 서구주의자와 자유주의자를 공격할 목적에서 일종의 선전용 책자처럼 생각하고 썼지만, 우리는 오늘날 이 소설에서 단지 인간 본성에 대한 심도 깊은 묘사를 보며 희열을 느낄 뿐입니다. 소설이 쓰인 맥락은 중요하지 않습니다. 어디에서 읽느냐도 중요하지 않습니다. 다만 텍스트가 우리에게 무엇을 말하느냐가 중요할 뿐입니다. 텍스트에 몰입하고 싶은 욕구는, 어떤 박물관을 대기업이나 정부가 선전을 위해 이용하거나 말거나 신경 쓰지 않고, 눈앞에 걸린 그림의 시간을 초월한 아름다움과 단둘이 남고 싶어 하는 관람객의 욕구에 비유할 수 있을 것입니다.(이 욕구를 섬세하게 다룬 토마스 베른하르트[35]의 『옛 거장들』이라는 소설이 있습니다.) 하지만 소설은 오로지 독자의 상상력에 의해서만이 인식되고 완성되기 때문에 소설의 '시간을 초월한' 아름다움에 대해 언급하는 것은 불가능합니다. 그림을 보면 한눈에 전체 구성을 파악할 수 있습니다. 반면에 소설은 그 전체 구성을,

35 1931~1989. 독일 소설가, 무대 감독.

그 '시간을 초월한' 아름다움을 보려면 많은 시간을 투자해 우리의 상상으로 나무 한 그루 한 그루 그리면서 숲을 지나가야 합니다. 애초에 작가의 의도를 모르고, 그가 살았던 문화 속 고민을 모르고, 그 소설의 세부 사항과 이미지를 모르고, 소설이 어떤 독자층을 대상으로 호소하는지를 모르는 상황에서는 상상으로 그림을 그릴 수도, 단어들을 각각의 나무로 전환할 수도 없습니다. 발자크, 스탕달, 디킨스가 19세기에 발견했고, 우리가 오늘날 알고 있는 소설 예술은 역사가 150년밖에 되지 않았습니다.(이를 위대한 19세기 소설이라고 합시다.) 나는 이 위대한 작가들이 프랑스어권과 영어권 독자들의 가슴에 불멸의 상징이자 언어의 깃발로서 영원히 살아 있으리라 믿어 의심치 않습니다. 하지만 150년 후, 미래 세대가 내가 그들의 책에서 느꼈던 즐거움을 느끼리란 확신은 없습니다.

어떤 소설을 완성하고, '실현'하려면 작가의 의도 못지않게 독자의 의도도 중요합니다. 한 명의 독자로서 나 자신을 언급하자면, 아이셰처럼 그리고 다른 많은 독자처럼, 아무도 그 소설을 읽지 않을 때 나 혼자만이 발견한 것 같은 느낌으로 읽으며 불운하게도 사람들이 작가의 진가를 몰라준다고 상상하는 것을 나도 좋아합니다. 그런 순간이면 이해받지 못하는 소설의 가장 이해받지 못하는 부분을 나 혼자만이 이해하고 있다고 느낍니다. 그러면 주인공들과 동일화되는 것이 자랑스러워질 뿐만 아니라 작가가 소설을 내 귀에 대고 속삭이고 있다는 착각이 듭니다. 이러한 자긍심이 극에 달하면, 심지어 자신이 그 소설을 썼다는 착각에 빠지기도 합니다. 이러한 열혈 프루스트 독자를 나의 소설 『검은 책』의 「눈 오는 밤의 사랑 이야기」에서 설명했습니다.(나는 아무도 찾지 않는 박물관에 가는 것을 좋아하며, 『순수 박물관』의 주인공 케말처럼, 경비원들이 졸고 있고 나무 바닥이 삐걱거리는 텅 빈 박물관에서 시간과 공간의 시를 발견하곤 한다고 여기에 덧붙이고 싶습니다.) 아무도 읽지 않는 소설을 읽을 때는 작가에게 좋은 일을 하고 있다는 느낌이 들어서 더 열심히, 더 상상력을 발휘하여 읽게 됩니다.

어떤 소설을 제대로 이해하는 것의 어려움은 작가의 의도나 독자들의 반응을 파악하는 데 있지 않습니다. 텍스트 속 지식들에 대한 균형 잡힌 시각을 확보하고 텍스트가 무슨 말을 하려는 건지 알아내는 데 있습니다. 소설가는 독자가 이래저래 해석하리라 추측하며 텍스트를 쓰고, 독자 역시 소설가가 이래저래 추측하면서 썼겠지 하고 추측하면서 읽는다는 것을 절대 잊지 맙시다. 독자들이 스스로 작가가 된 기분에 젖거나, 작가가 이해받지 못해 불행해한다고 여기면서 읽을 거라는 것도 소설가는 미리 예상하고, 거기에 맞춰 소설을 씁니다. 어쩌면 지금 나는 직업상의 비밀을 너무 많이 털어놓고 있는지도 모릅니다. 작가협회에서 제명당할지도 모르겠군요!

어떤 소설가는 실재하거나 상상으로만 존재하는 독자와의 체스 게임에 들어가지 않기 위해 글을 쓰고, 어떤 소설가는 이

게임을 끝내기 위해서 글을 씁니다. 또 어떤 소설가는 독자의 눈앞에 위대한 기념탑을 세우기 위해 글을 쓰고(보르헤스는 젊은 시절 쓴 글에서 『율리시스』를 대성당에 비유했습니다.) 어떤 소설가는 프루스트처럼 독자의 머릿속에 그림을 그리기 위해 글을 씁니다. 어떤 소설가는 다른 사람들을 이해하는 것에 자부심을 느끼고, 어떤 소설가는 다른 사람들에게 이해받지 못하는 것에 자부심을 느낍니다. 이 모순되는 의도들은 소설의 본질에 적합합니다. 소설을 쓸 때 작가는 한편으로는 다른 사람들을 이해하려 하고(다른 사람의 처지를 이해하고 동일화하려고 하고) 다른 한편으로는 소설의 중심부를(멀리 떨어져서 통합적인 관점으로 제대로 조준해 보아야 알아볼 수 있는 소설 깊은 곳에 숨어 있는 의미를) 교묘하고 노련하게 감춘 채 암시를 던져 주려고 노력합니다. 소설 예술의 심장부에 내재된 핵심 패러독스는 소설가가 세상을 다른 사람들의 눈으로 보면서, 동시에 자신만의 세계관을 표현하려 한다는 것입니다.

3. 정치

요즘에는 박물관에 대해 이야기하면서 정치를 언급하는 일이 많습니다. 반면에 소설 속 정치에 대해 이야기하거나, 소설에 대해 대화할 때 정치 이야기를 꺼내는 일은 이제 별로 없습니다.

특히 서양에서 더욱 그렇습니다. 스탕달은 『적과 흑』에서 정치는 연주회 도중에 들리는 권총 소리와 같다고 말합니다. 저질스럽지만 무시하기는 어렵다는 의미인 듯합니다. 어쩌면 소설 예술은 최근 150년의 유년기를 마치고 성숙해졌고, 박물관은 문제 많은 어린 시절을 보냈기 때문일 것입니다. 이 상황에 불만은 없습니다. 왜냐하면 내가 보기에 정치는 결국 우리와는 다른 사람들에 대해 이해하기를 단호하게 거부하지만, 소설 창작은 이해하려 하기 때문입니다. 소설에서 정치를 어디까지 끌어들이느냐 하는 문제에 한계는 없습니다. 왜냐하면 소설가는 자신과는 다른 사람들을, 즉 다른 공동체, 인종, 문화, 계층, 민족에 속한 사람들을 이해하려는 바로 그 노력 때문에 정치적이 되기 때문입니다. 가장 정치적인 소설은 전혀 정치적 주제나 동기가 없지만, 모든 것을 보고 모든 것을 이해하여, 가장 거대한 전체를 구성하려는 소설입니다. 그렇게 그 불가능한 임무를 이루어 가장 심오한 중심부까지 다다르려는 소설입니다.

  우리는 박물관에 가서 그림과 유물을 보고 주말에 그 전시에 관한 신문 비평을 읽으며 큐레이터의 선택 뒤에 숨어 있는 의도를 추측해 봅니다. 왜 그 그림 대신 이 그림을 골랐을까? 왜 다른 작품들은 소홀히 다뤘을까? 박물관과 소설은 누군가를 대변했다가 자칫 정치적 책임을 지게 될 우려가 있다는 점에서 서로 닮았습니다. 소설에서 이 문제는 비교적 가난하고 독자가 적은 비서구 국가에서 더 분명히 나타납니다.

상반되는 사례 하나와 나의 편견을 제시하며 이 문제에 대한 이야기를 시작하고자 합니다. 세계 다른 나라 작가들과 비교하면, 미국 작가들은 사회적·정치적 압력에서 자유로워 보입니다. 그들에겐 잘 교육받은 탄탄한 문학 독자층이 당연하기만 합니다. 누구를 위해 써야 하고, 어느 정도까지 써야 하며, 왜 써야 하는지 하는 문제로 갈등하지도 않습니다. 실러가 괴테의 소박함에 느꼈던 질투에 비할 바는 아니지만, 내가 미국 소설가들의 억압에서 자유롭고 편안하며 확신에 찬 모습, 즉 소박함을 부러워했다는 건 얘기해야겠군요. 이제 나의 편견을 말하겠습니다. 내가 보기에 이 소박함은 작가와 독자가 같은 계층과 같은 공동체에 속해 있음을 서로 인지하고, 작가들도 누군가를 대변하기 위해서가 아니라, 오로지 자신의 행복을 위해 쓴다는 데서 비롯합니다.

반대로 내가 태어난, 상대적으로 가난한 비서구 세계에서는 누구를 또는 무엇을 대변하는가 하는 문제가 문학에도 소설가에게도 자칫 악몽으로 변할 수 있습니다. 비서구 세계의 가난한 나라에서는 작가들이 대부분 상류층 출신이기 때문입니다. 소설이라는 서구에서 들어온 장르를 사용한다는 것은 문화적으로 다른 세계에 속한다는 의미이며 독자층도 한정되는 까닭에 고민이 깊어질 수밖에 없습니다. 이러한 이유로 소설가들은 자신의 작품이 어떻게 해석되고 받아들여질지 하는 문제에서, 모든 소설가에게 내재된 자긍심을 뛰어넘는 예민한 감정에 휩싸여 일련의 반응을 보입니다. 터키에서 40년 가까이 소설을 써 오면서 나는 지나친 자긍심과 지나친 비굴함 사이를 오가는 온갖 종류의 반응을 목격했습니다. 내가 느끼기에, 이런 일은 단지 터키뿐만이 아니라, 독자층이 비교적 제한된 비서구 세계 국가의 소설가라면 어쩔 수 없이 입을 수밖에 없는 정신적 상처 때문이라고 봅니다.

첫 번째 반응은 ─ 전혀 존재하지 않는, 전혀 보이지 않는 ─ 독자를 지나치게 무시한 나머지 자신들의 소설이 읽히지 않는 것을 실제로 자랑스러워하는 것입니다. 그들은 모더니즘 문학 윤리를 방패 삼아 세상과 담을 쌓은 채 그들만의 세계를 표현합니다. 민족주의자, 공산주의자, 도덕주의자는 이 소설가들이 꿈나라에서 쫓겨난 모양이라며 야유를 보냅니다.

두 번째 반응은 공동체나 민족의 일부가 되기 위해 안간힘을 쓰는 것입니다. 호감을 얻고자 하는 바람과 더불어 사회적 비판을 가하며 얻는 도덕주의적 만족감이 주는 흥분은 그들에게 집필의 에너지와 묘사의 즐거움, 그리고 모든 것을 관찰하려는 의지를 부여해 줍니다. 어딘가에 소속되어 대변한다는 자긍심을 갖는 이 작가들은, 스탕달이 소설에 대해 설명하면서 사용했던 비유처럼 '큰길가를 돌아다니는 거울'이 되었다는 점에서 더 성공적입니다.

나는 이 상황을 단순화해서 조감해 보이고 있습니다만, 현실은 훨씬 더 세부적이고 복잡합니다. 문제의 복잡함과 모순을 보여 주기 위해 나 자신의 이야기를 하겠습니다.

　나의 모든 소설 중 표면적으로는 가장 정치적인 소설인 『눈』을 쓰기 위해 카르스 시를 여러 차례 방문했습니다. 마음씨 착한 카르스 사람들은 내가 그들에 대해 쓰리라는 것을 알고 내가 질문을 하면 매번 기꺼이 솔직하게 대답해 주었습니다. 내 질문은 대부분 카르스의 빈곤, 부패, 사기, 뇌물에 관한 것이었습니다. 모두들 누가 나쁜 사람인지 설명해 주었고, 두려워하지 말고 써 달라고 했습니다. 그들은 도시에 대해, 자신들의 삶에 대해 그 끔찍한 이야기들을 내 손에 들려 있는 녹음기에 대고 증언해 주었습니다. 그런 다음 돌아가는 나를 버스 터미널로 데려다 줄 때는 매번 한목소리로 이렇게 말했습니다. "파묵 씨, 절대 카르스와 우리에 관해 그 어떤 나쁜 얘기도 쓰지 말아 주세요, 알겠지요?" 그러고는 비꼬는 기색이라곤 찾아볼 수 없는 미소를 지으며 나를 배웅했습니다. 그러면 나는 버스 좌석에 앉아, 모든 소설가가 그렇듯, 진실을 쓰고 싶은 충동과 사랑받고 싶은 욕구 사이에서 갈등하곤 했습니다.

　나는 이 딜레마에서 벗어나기 위해서는 실러가 괴테에게서 찾았고, 내가 편견의 눈을 통해 미국 또는 서구 작가들에게서 찾아냈던 '소박함'에 기대는 수밖에 없겠다고 느끼곤 했습니다. 하지만 고통에 매몰된 나머지, 그 끔찍한 경험들을 정체성의 일부로 끌어안아 버린 사람들 사이에서 이런 소박함을 지키기란 얼마나 힘이 드는지요. 결국 어느 순간 오로지 나 자신의 행복을 위해 카르스에 대해 써 버릴 수는 없겠다는 것을 깨달았습니다. 오랜 세월이 흐른 지금, 어쩌면 오로지 나의 행복을 위해서 소설을 쓰지 못했기 때문에, 오로지 나의 행복을 위해서 박물관을 세우려고 하는 게 아닐까 하는 생각을 가끔 합니다.

6

중심부

중심부는 삶에 관한 심오한 관점, 일종의 통찰입니다. 깊은 곳에 있는 실재 또는 상상의 신비로운 어떤 지점입니다. 소설가들은 이 지점을 탐색하고 그곳이 함축하는 바를 찾아내기 위해 소설을 씁니다. 우리는 소설들이 이러한 정신에서 읽히리라는 것도 압니다. 하지만 처음에 어떤 소설을 상상할 때, 때로는 이 감춰진 중심부에 대해 의식적으로 생각하기도 하지만 때로는 전혀 의식하지 못하기도 합니다. 또 때로는 실생활에서 겪는 모험이나 직접 경험을 통해 알게 된 진실이 이 중심부보다 훨씬 더 중요해 보이기도 합니다. 가끔은 다른 사람의 삶, 집단, 공동체를 도덕적·미학적으로 대변하고자 하는 개인적인 충동이나 갈망이 너무 중요해 보여서, 우리가 중심부 때문에 쓰고 있다는 사실을 잊고 싶어지기도 합니다.

우리가 이야기하고 있는 사건이 가진 격렬함, 아름다움, 새로움, 놀라움 등은 소설을 쓰면서 중심부가 있다는 것조차 잊게 만듭니다. 소설가들은 — 어떤 소설가들은 가끔, 어떤 소설가들은 자주 — 자신들이 쓰는 소설에 감춰진 중심부가 있다는 것을 그다지 생각하지 않고 어떤 세부 사항에서 다른 사물에 대한 관찰로, 어떤 이미지에서 다른 이미지로 흥분에 사로잡혀 쉬지 않고 본능적으로 써 나갑니다. 어떤 사람에게 소설 쓰기는 그저 이야기를 만들어 내기 위해서 나무 한 그루마다 관심을 기울이고, 일일이 기록하고 묘사하며 숲을 가로지르는 것과 비슷합니다.

하지만 우리가 풍경 속 숲, 집, 강이 가진 매력에 얼마나 휩싸이건, 나무와 절벽의 경이로움, 기이함, 아름다움에 얼마나 매료되건, 그 풍경에는 각각의 나무와 사물을 다 합친 것 이상의 심오하고 신비스러운 의미가 깃들어 있습니다. 우리는 이를 때로는 명백하게, 때로는 이성의 한구석에서 어떤 불안감과 함께 느낍니다.

독자에게도 같은 원리가 적용됩니다. 순문학 소설 독자는 풍경 속 모든 나무(이야기가 진행되는 동안 마주친 사람, 사물, 사건, 일화, 이미지, 약간의 정보, 시간의 비약, 회상 그리고 가끔 나왔던 묘사 전부)가 배후에 있는 더 심오한 의미, '감춰진 중심부'를 암시하기 위한 장치라는 것을 압니다. 소설가가 일련의 사건이나 세부 사항을 소설에 넣을 때는 여러 가지 이유가 있을 수 있습니다. 실제 있었던 일일 수도 있고, 실제로 경험하면서 매력을 느꼈을 수도 있고, 아니면 단순히 그럴듯하게 상상해 낸 것일 수도 있습니다. 하지만 순문학 소설 독자는 아름다움과 힘, 살아 있는 듯한 느낌을 주는 이 조각들 모두가 어떤 감춰진 중심부를 가리키기 위해 소설에 포함되었다는 사실을 알고 있기에, 이 중심부를 찾으면서 소설을 읽습니다.

소설의 중심부는 처음 작가로 하여금 그 소설을 쓰도록 이끈 직감, 사고, 지식 등등입니다. 하지만 소설가들은 소설을 쓰는 과정에서 중심부의 장소와 형태가 바뀐다는 것도 압니다. 대부분 중심부는 소설을 써 나갈수록 모습이 드러납니다. 많은 소설가가 처음 글을 시작하면서 중심부를 이야기의 형태로 전달될 주제 정도로만 여깁니다. 하지만 소설을 쓸수록 필연적으로 여러 가지로 해석 가능한 중심부의 심오한 의미를 발견해 드러낼 수 있다는 걸 알게 됩니다. 소설이 진행되고 풍부해질수록, 각각의 나무뿐만 아니라, 뒤엉킨 나뭇가지와 잎사귀가 정성스럽게 묘사되어 그림이 되어 드러날수록, 작가도 독자도 '감춰진 중심부'에 대한 생각이 바뀌기 시작합니다. 소설 읽기는 진짜 중심부와 진짜 주제가 무엇인지를 탐색하는 작업입니다. 우리는 한편으로는 표면의 세부 사항에서 묘미를 느끼면서, 다른 한편으로는 진짜 중심부가 무엇인지를 궁금해합니다. 때로 독자에게는 중심부, 즉 소설의 진정한 주제를 탐색하는 것이 그 세부 사항들보다 더 중요하게 보입니다.

이에 대한 좋은 예는 보르헤스가 『모비딕』에 대해 쓴 글입니다. 보르헤스는 "처음에 독자는 소설의 주제가 고래잡이들의 고단한 삶이라고 생각할 수 있다."라고 말합니다. 왜냐하면『모비딕』의 초반부는 마치 사회 비판적인 소설처럼 읽히기 때문입니다. 심지어는 신문 르포르타주처럼 고래 사냥과 고래잡이의 삶을 상세히 다루기까지 합니다. 뒤이어 보르헤스는 "나중에는 고래를 추적해 파멸시키려는 에이햅 선장의 광기가 주제라고 생각한다."라고 말합니다. 왜냐하면『모비딕』의 중반부는 분노에 사로잡힌 강인한 남자의 독특한 캐릭터를 다루는 심리 소설 같기 때문입니다. 하지만 보르헤스는 진정한 주제이자 중심부는 전혀 다른 것임을 우리에게 상기시킵니다. "페이지가 넘어갈수록 이야기는 방대해지면서 어떤 우주의 차원에 이르게 된다."

『모비딕』처럼 어떤 소설에서 이야기하는 줄거리와 중심부가 서로 동떨어져 있다는 것은 그 소설의 탁월함과 심오함의 표시입니다. 『모비딕』은 우리가 계속해서 중심부의 존재를 느끼며, 계속해서 탐색해야 하는 특별하고 예외적이며 보기 드문 걸작입니다. 우리는 이 위대한 소설의 중심부가 어디인지를 우리 자신에게 계속해서 묻고, 이 질문에 대한 답을 계속해서 바꿔 가며 읽습니다. 이와 같은 현상의 한 이유가 풍경의 풍부함과 캐릭터의 다양성이라면, 또 다른 이유는 가장 위대하고 가장 능숙하며 가장 계획적인 소설가들조차 소설을 쓰는 과정에서 자신들이 쓴 소설의 '중심부'에 대한 생각을 고쳐 나가기 때문입니다.

소설가의 인생 경험과 상상력은 그에게 풍부한 '재료'를 제공해 줍니다. 소설가는 이 재료를 탐색하고 발전시켜 깊숙이 아우르기 위해 글을 씁니다. 소설가가 인생에 대해서 소설로 암시할 심오한 관점, 그러니까 내가 '중심부'라고 부르는 통찰은 써 나갈수록 확대되는 소설의 세부 사항, 전체적인 형태, 캐릭터에서 나옵니다. 포스터는 소설을 쓸수록 주인공들이 사건을 지배하여 소설가에게 작품이 나아갈 바를 알려 준다고 말합니다. 꽤 보편적으로 받아들여지는 개념입니다만, 나는 동의하지 않습니다. 만약에 소설 창작에 신비로운 요소가 있다는 것을 믿어야 한다면, 중심부가 소설을 지배한다는 사실을 믿는 편이 더 타당할 것입니다. 중심부가 어디에 있는지를 추측하려고 애를 쓰며 읽는 경험 많은(성찰적인) 독자가 그러하듯이, 경험 많은 소설가 역시 소설을 써 나갈수록 중심부가 서서히 드러날 것이며, 이 중심부를 찾아서 명확하게 하는 일이야말로 집필 과정에서 가장 어려우면서도 매력적인 작업이 되리라는 것을 압니다.

 소설이 점차 형태를 띠어 가고, 중심부가 어디에 있는가 하는 질문을 자신에게 되풀이해서 물을수록, 소설가는 자신의 작업이 전체적인 의미에서 처음 의도했던 것과는 전혀 달라질지도 모른다고 느끼기 시작합니다. 이런 상황을 도스토옙스키의 예를 통해 살펴보도록 합시다.

 도스토옙스키는 1870년 7월에, 그러니까 처음 『악령』의 착상을 얻고 집필에 들어간 지 1년이 지나서 간질병 발작을 일으키게 됩니다. 그 후 도스토옙스키는 조카인 소피야 이바노바에게 편지를 쓰는데요, 이 편지에서 이렇게 말합니다. "나는 갑자기 소설의 문제가 무엇인지, 어디서 실수를 했는지 보게 되었다. 영감과 함께 저절로, 모든 차원과 함께 한순간에 새로운 계획이 내 앞에 나타났다. 모든 것을 뿌리째 바꿔야만 했어. 잠시도 주저하지 않았지. 지금까지 쓴 것을 전부 내팽개치고, 첫 페이지부터 다시 시작했다. 내가 1년간 기울인 모든 노력이 사라지고 말았어."

도스토옙스키에 관하여 역사상 가장 걸출한 전기 가운데 하나인 『기적의 세월들 — 1865~1871』(왜냐하면 이 기간에 도스토옙스키가 『죄와 벌』, 『백치』, 『악령』 외에 중편 소설 『노름꾼』, 『영원한 남편』 등을 썼기 때문입니다.)을 쓴 조지프 프랭크[36]가 4권에서 독자들에게 경고한 바에 따르면, 이번에도 도스토옙스키가 여느 때처럼 과장한 거라고 합니다. 그렇습니다. 사실 '새로운 계획' 덕분에 일차원적인 캐릭터들을 다룬 이야기가 역사상 가장 뛰어난 정치 소설 가운데 하나로 변모하긴 했지만, 도스토옙스키는 1년 동안 썼던 240페이지 가운데 아주 일부를, 그러니까 40페이지를 바꾸었을 뿐입니다. 소설의 주제와 원고 대부분을 포함해서 많은 것이 그대로였습니다! 바뀐 것은, 그렇습니다, 소설의 중심부뿐이었습니다.

내가 '중심부'라고 부르고 우리 소설가들이 본능적으로 느끼는 이 지점은 무척이나 중요해서, 그것을 상상 속에서 바꾸기만 해

---

36 도스토옙스키 연구가, 스탠퍼드대 명예교수.

도 소설의 모든 문장, 모든 페이지가 바뀌고, 완전히 의미가 달라진 느낌이 드는 것입니다. 소설의 중심부는 어디서 오는지는 알 수 없지만 숲 전체를 밝히는 빛과 같습니다. 나무 하나하나, 오솔길 하나하나, 우리가 떠나온 곳과 우리가 앞으로 나아갈 곳까지, 가시덤불과 가장 어둡고 통과하기 어려운 수풀까지 모두 비춰 줍니다.

그 빛을 느끼는 한 우리는 길을 계속 갈 수 있고, 설사 어두운 곳에 있더라도 곧 이 빛을 볼 수 있다는 희망을 가질 수 있습니다. 모든 숲이 보이게 하고 여행에 의미를 부여하는 것이 이 중심부이고, 이 빛입니다. 소설 쓰기와 읽기는 우리 삶에서, 상상에서 나오는 모든 재료, 소재, 이야기, 주인공은 물론 사적인 세부 사항까지도 이 빛, 이 중심부와 통합시키는 것입니다. 이 빛이 닿는 곳마다 새로운 의미를 띠는 것처럼, 빛이 오는 곳도 우리 머릿속에서 계속해서 바뀝니다. 나이폴은 자전적 작품인 『중심부 찾기』의 서문에서 중심부가 없을 때 서사가 어떻게 늪에 빠져 버리는지를 독자들에게 설명합니다.

하지만 소설에서 중심부의 위치가 불확실한 것은 결코 나쁜 일이 아닙니다. 오히려 우리가 독자로서 바라는 특성입니다. 중심부의 위치가 너무 명확하고 빛이 너무 강하면, 소설의 의미가 곧장 드러나 버려 읽기가 지루해집니다. 장르 소설, 예를 들면 공상과학 소설, 추리 소설, 역사 판타지 소설, 애정 소설을 읽을 때는 보르헤스가 『모비딕』을 읽을 때 했던 것처럼 '진짜 주제는 뭘까, 중심부는 어디에 있지?' 같은 질문을 우리 자신에게 묻지 않습니다. 이 소설들의 중심부는 이전에 읽었던 비슷한 소설들의 중심부와 같은 곳에 있습니다. 단지 어디서 무슨 모험을 겪느냐가 다르고, 주인공이 다를 뿐입니다. 장르 소설에서는 구조상 암시할 필요가 있는 심오한 주제가 어느 책이나 같습니다. 공상과학 소설의 스타니스와프 렘[37], 필립 K. 딕[38], 추리 소설의 퍼트리샤 하이스미스[39] 같은 몇몇 악마적 영혼을 가진 창조적인 작가들의 소설을 제외하고, 장르 소설을 읽을 때는 중심부를 찾는 스릴과 호기심을 전혀 느끼지 못합니다. 어쩌면 이러한 이유로 장르 소설 작가들은 몇 페이지마다 한 번씩 스릴과 호기심의 요소를 더하는가 봅니다. 한편 장르 소설을 읽을 때는 삶의 의미와 관련된 기본적인 문제를 묻는 존재론적인 긴장감으로 지치지 않기 때문에 훨씬 편하게 느낍니다. 사실 우리는 모든 것이 어디에 있는지를 아는, 마치 집에 있는 듯한 안전하고 평온한 기분을 느끼기 위해서 장르 소설을 읽습니다. 위대한 순문학 소설을 찾는 이유는 세상에서 길을 잃은 듯이 느끼고 삶의 의미를 알려 줄 지혜를 갈구하기 때문입니다. 자신이 속해 있는 우주와의 관계가 단절된 현대인은(이제 소박한 독자에서 성찰적인 독자로 변모한) 스스로 나아갈 바를 찾기 위해 소설을 읽습니다. 이러한 주장은, 실러가 그랬듯이, 어떤 정신 상태와 문학 형식을 연결 짓겠다는

---

37 1921~2006. 폴란드 공상과학 소설가.
38 1928~1982. 미국 공상과학 소설가.
39 1921~1995. 미국 추리 소설가.

뜻입니다. 청년 시절 나는 정신적인 결핍감 때문에 형이상학, 철학, 종교뿐만 아니라 문학도 읽어야 할 필요성을 절실히 느꼈습니다. 이십 대에 거의 생사가 달린 문제인 것처럼 흥분해서 중심부를 찾으며 읽었던 소설들 대부분을 결코 잊지 못할 것입니다. 왜냐하면 이 소설들에서 삶의 의미 또는 세상의 중심부를 탐색했을 뿐만 아니라 이 소설들의 작가, 예컨대 톨스토이, 스탕달, 프루스트, 토마스 만, 도스토옙스키 그리고 울프에게서 얻은 통찰로 나 자신을 계발하고, 나의 세계관과 도덕적 감수성을 형성했기 때문입니다.

    소설을 써 나갈수록 중심부가 서서히 드러나게 마련이라는 사실을 아주 잘 아는 어떤 소설가들은 별로 계획을 세우지 않고 소설을 쓰기 시작합니다. 무엇이 과다하고 무엇이 부족한지, 어떤 캐릭터가 피상적이고 어떤 인물이 불필요한지 하는 문제들은 중심부를 발견해서 명확해지고 나면 결정합니다. 세세한 세부 사항 역시 소설을 재검토할 때 보충합니다. 또 어떤 소설가들은 시작 단계에서 소설의 중심부를 정한 다음, 절대 양보하지 않고 써 나가려 합니다. 이 방법은 소설을 그다지 계획하지 않고 중심부를 고려하지 않고 쓰는 방법보다 훨씬 더 어렵습니다. 소설 초반에는 특히 더 그렇지요. 톨스토이는 장과 페이지를 바꾸고 새롭게 다시 써 가면서 『전쟁과 평화』에 지대한 공을 들였습니다. 하지만 진정 흥미로운 부분은 소설의 중심부, 즉 중심 사상이 4년 내내 변하지 않았다는 사실입니다. 톨스토이는 『전쟁과 평화』후기에 역사에서 개인이 차지하는 역할에 대해 논하는 긴 글을 첨가했는데, 이 글이 바로 소설의 영혼이자 주제이자 목적이자 중심부라는 것을 독자가 믿어 주길 바랐음을 우리는 알 수 있습니다. 하지만 우리 현대 독자들에게 『전쟁과 평화』의 중심 사상이자 중심부는 톨스토이가 소설 후기에 논했던 '역사의 의의' 또는 '역사에서 개인이 차지하는 역할'이 아닙니다. 소설 캐릭터들이 일상생활에 보여 주는 믿을 수 없을 만큼 세세한 관심과 애정, 그리고 모든 삶을 하나로 연결하는 맑고 투명한 시선입니다. 책을 다 읽고 나면 독자들은 역사의 의미가 아니라, 인생의 연약함, 세상의 광대무변함, 세상 속 우리의 위치에 관해 생각하게 됩니다. 그뿐만 아니라 문장을 읽어 나갈수록 중심부가 환하게 드러나는 희열도 느낄 수 있습니다. 소설의 중심부는 작가의 의도 못지않게 독자가 텍스트에서 얻는 희열과도 관련이 있다고 할 수 있겠습니다.

    이 중심부를 설명하는 것은 세계의 중심부를 찾거나 삶의 의미를 규정하는 것 못지않게 불가능한 시도처럼 보일 수 있습니다. 중심부는 때로는 작가의 의도에 따라, 때로는 텍스트가 함축하는 바에 따라, 때로는 독자의 취향에 따라, 때로는 언제 어디서 읽었느냐에 따라 달라지기 때문입니다. 하지만 나는 지금 바로 이것을 시도해 보려고 합니다. 나에게 소설의 중심부는 어떤 소설이 종국에 우리에게 삶에 대해 가르쳐 주고, 느끼게 해 주고, 암시해 주고, 보여 주고, 경험하게 한 심오한 어떤 것입니다.(다시 말하지만, 소설은 삶에 관한 관찰, 제안, 사고 들을 제시할 경우에만 흥미롭습니다.) 소설가가 삶에 관한 지식이나 경험 들을 소설 밖에서 단어들로 단순하게 표현할 수 있었다면, 굳이 소설을 쓰지 않았을 것이고, 우리도 소설을 읽을 필요가 없을 것입니다. 순문학 소설에서 중심부가 무엇인지 쉽게 정의 내릴 수 없는 이유를 이해하려면, 마치 삶이 그러하듯이 순문학 소설 역시 쉽게 의미를 찾을 수 없고, 다른 것으로 쉽게 환원될 수 없음을 상기해야만 합니다. 현대의 세속 독자들은 이런 노력이 부질없음을 내심 알고 있으면서도 읽고 있는 소설의 중심부를 찾으며 삶의 의미가 무엇인지를 자신에게 묻지 않고는 견디지 못합니다. 왜냐하면 그가 찾는 중심부는 바로 인생의 중심부이자 세상의 중심부이기도 하기 때문입니다. 우리가 중심부가 분명한 소설을 읽지 않고, 순문학 소설을 읽는 기본적인 충동 가운데 하나는 중심부가 무엇이며 삶에 관한 우리의 관점과 얼마나 가까운 것인가를 성찰하고자 하는 필요성 때문입니다.

『전쟁과 평화』를 보면 알 수 있듯이, 중심부는 때로 이야기의 세부에서 빛나는 아름다움과 투명함과 함께 거대한 파노라마 그 자체에 내재되어 있습니다. 때로는『율리시스』처럼 소설의 기법이나 형식과 밀접하게 관련되어 있습니다. 『율리시스』의 중심부는 플롯이나 이야기에 있지 않습니다. 심지어는 주제와도 관련이 없습니다. 인간 정신의 작동을 시적으로 규명하여 지금까지 전혀 주목받지 못했던 우리 삶의 일부분을 조명하고 명확히 밝힌 희열에 있을 뿐입니다. 하지만 일단 조이스 같은 스케일의 작가가 소설 심장부에 특정 기법을 통해 본질적인 변화를 일으키고 나면 같은 방법을 되풀이해 봤자 독자에게서 결코 같은 효과를 불러올 수가 없습니다. 예를 들면, 조이스에게서 많은 것을 배운 포크너의 가장 뛰어난 소설인 『음향과 분노』와 『내가 죽어 누워 있을 때』의 가장 강력한 면은 주인공들의 생각과 내면을 보여 주는 데 있지 않습니다. 우리를 매료시키는 것은 주인공들의 내면 독백이 어우러지면서 나타나는 세계와 삶에 대한 새로운 그림입니다.

포크너는 서술자의 목소리를 활용하고 과거와 현재를 넘나들면서 이야기를 서술하는 방법을 콘래드에게서 배웠습니다. 우리는 울프의 『파도』를 읽을 때 역시 병치법에 매료됩니다. 반대로 『댈러웨이 부인』은 우리의 사소하고 평범한 생각이(극적인 감정, 후회, 자부심과 우리 주위의 사물들도 포함해서) 매분 매초 어떻게 한데 뒤얽히는지를 보여 줍니다. 하지만 주인공의 한정된 시각 안에서 이야기를 구성한다는 아이디어를 광적으로 추구한 최초의 작가는 제임스입니다. 그는 1899년 7월 25일 편지에서 이렇게 쓰고 있습니다. "어떤 이야기를 하는 데는 500만 가지 방법이 있습니다. 만약 작품에 중심부를 제공할 수만 있다면, 이 방법들 모두 타당합니다."

이 모든 연쇄 작용에 대해 얘기하면서, 소설이 삶에 대해 말하려는 심오하고 고유한 의미는 형식과 기법을 통해서도 드러난다는 사실을 상기시키고 싶습니다. 왜냐하면 어떤 이야기를 서술하고 어떤 소설을 구체화하는 새로운 방법을 찾아냈다는 것은 곧 새로운 창문을 통해 삶을 바라본다는 의미도 되기 때문입니다.

소설가로 살아오면서 나는 다른 소설가들의 소설을 때로는 희망을 가지고, 때로는 절망적으로, 그 순간 급하게 모색하고 있던 창문을 찾는 데 도움이 될까 하는 심정에서 다급하게 읽었습니다. 세상을 내다보고 싶은 마음에 내 머릿속에 그렸던 완벽한 창문에는 언제나 내가 생각해 낸 사소한 개인적인 역사가 덧붙어 있곤 했습니다.

내가 중심부라고 부르는 것을 이해하기 쉽게 설명하는 데 도움이 될 개인적인 역사는 바로 이런 겁니다. 조금 전에 포크너에 대해 언급했는데요(존 업다이크[40]는 어딘가에서 왜 제3세계 작가들이 전부 포크너로부터 영향을 받았는지 이해할 수 없다고 쓴 적이 있습니다.) 포크너의 『야생 종려나무』는 사실 두 가지 이야기가 결합된 소설입니다. 작가 자신도 한 인터뷰에서 서로 다른 두 이야기를 결합했다고 말한 적이 있습니다. 그러나 포크너는 두 이야기가 서로 맞물리게 하지 않았습니다. 마치 두 벌의 카드가 섞이듯, 서로 다른 두 소설의 장들이 병치되어 있을 뿐입니다. 우리는 먼저 헨리와 샬럿이라고 불리는 두 연인의 힘든

---

40 1932~2009. 미국 시인, 소설가.

사랑 이야기가 서술된 장을 읽게 됩니다. 그런 다음 『노인』이라는 다른 소설의 첫 장을 읽게 됩니다. 여기서는 미시시피 홍수와 싸우는 어떤 죄수의 이야기가 나옵니다. 서로 다른 두 이야기는 『야생 종려나무』 내내 교차하지 않습니다. 심지어 어떤 출판사는 『노인』을 별도의 소설로 출판하기도 했습니다. 하지만 이것이 『야생 종려나무』의 일부이기 때문에, 우리 소설 독자들은 서로 비교하고 공통점을 모색하며, 그렇습니다, 공통된 중심부를 모색하며 읽습니다. 두 이야기 가운데 한 편을, 예를 들면, 『노인』을 따로 읽을 때 이 이야기에 부여하는 의미와 『야생 종려나무』라는 소설의 일부로 읽을 때 부여하는 의미가 다르다는 점은, 우리에게 소설을 소설이게 하는 것이 중심부라는 사실을 상기시킵니다. 『천일야화』와 『잃어버린 시간을 찾아서』의 차이는 후자에는 중심부가 있다는 것입니다. 우리 독자들은 이 사실을 잘 알고 있기에, 때로 『천일야화』가 그러하듯이, 분권 출간된 소설을(『잃어버린 시간을 찾아서』의 1편인 『스완네 집 쪽으로』를 예로 들 수 있습니다.) 읽을 때도 이 중심부를 찾으면서 읽습니다.

 그동안 소설사가와 문학 비평가 들은 장르로서 소설의 발전을 연구할 때 이 중심부에는 별다른 관심을 보이지 않았습니다. 허구에 대한 연구와 소설 속 시간과 재현이라는 개념에 대한 찬양의 역사가 있었을 뿐입니다. 그 이유는 19세기 소설에서는 중심부가 소설을 지탱하고 부분들을 통합하는 어떤 힘으로서 명확히 드러나지 않았고, 이야기들을 결합할 실재 또는 상상의 초점이 그다지 필요하지 않았기 때문입니다. 19세기에는 이야기를 결합하기 위해 여러 가지 요소가 동원되었습니다. 때로는 흑사병 같은 자연재해가(알렉산드로 만초니[41]의 『약혼자』), 때로는 전쟁이(톨스토이의 『전쟁과 평화』), 때로는 소설 제목에 이름을 올린 주인공이 그 역할을 했습니다. 외젠 쉬[42]의 작품에서는 운명적인 우연의 일치가, 위고의 작품에서는 주로 도시의 거리에서의 우연한 만남이 흩어져 있던 주인공과 소설 풍경을 연결했습니다. 내가 소설의 '풍경'이라고 부르는 요소가 명확한 개념으로 분리되고, 최근 반세기 동안 소설 예술에서 포크너 같은 소설가들이 분산, 파편화, 잘라붙이기 같은 서사 기법을 발전시켰는데도 여전히 문학 비평가들이 '중심부'라는 개념에 관심을 보이지 않다니 놀라울 따름입니다. 이 소심함의 또 다른 이유는 문학 텍스트들 안에 있는 안과 밖, 표면과 본질, 물질과 이성, 선과 악 같은 이중의 것들을 의심의 눈초리로 보는 해체주의 경향일 겁니다.

보르헤스가 스페인어로 번역한 『야생 종려나무』는 라틴아메리카 작가들 한 세대 전체에(마르케스, 마리오 바르가스요사[43]) 영향을 미쳤습니다. 『야생 종려나무』 이후, 일부 다다이즘 작가들은 소설 읽는 즐거움을 중심부를 찾는 노력에서 찾기 시작했습니다. 이와 관련해서 가장 뛰어난 작품들을 먼저 상기해 봅시다.

41 1785~1873. 이탈리아 시인, 소설가.
42 1804~1857. 프랑스 소설가.
43 1936~ . 페루 소설가, 2010년 노벨 문학상 수상.

나보코프의 『창백한 불꽃』(1962), 훌리오 코르타사르[44]의 『돌차기 놀이』(1963), 기예르모 카브레라 인판테[45]의 『세 마리의 슬픈 호랑이』(1967), 나이폴의 『자유국가에서』(1971), 칼비노의 『보이지 않는 도시들』(1973)과 『만약 어느 겨울밤에 한 여행자가』(1979), 바르가스요사의 『나는 훌리아 아주머니와 결혼했다』(1977), 페렉의 『인생 사용법』(1978), 쿤데라의 『참을 수 없는 존재의 가벼움』(1984), 줄리언 반스[46]의 『$10\frac{1}{2}$장으로 쓴 세계 역사』(1989). 이 작품들은 출간되자마자 커다란 주목을 받았고, 즉시 여러 외국어로 번역되어 전 세계 독자들과 나와 같은 예비 소설가들에게 프랑수아 라블레[47]와 스턴 이후 우리가 알고 있는 것들이, 다시 말해 모든 것이 한 소설에 들어갈 수 있다는 사실을 일깨워 주었습니다. 예컨대 목록, 라디오 멜로드라마 극본, 기이한 시와 시적 논평, 여러 소설의 뒤섞인 조각들, 역사·과학·철학에 관한 논문, 백과사전적 지식, 역사 속 이야기, 여담, 일화 등, 머리에 떠오르는 것이라면 뭐든지 소설에 들어갈 수 있게 된 것입니다. 이제 독자들은 소설을 현실에서 보기 어려운 캐릭터를 이해하거나 줄거리에 따라 주인공의 개인적 특징이나 버릇이 어떻게 드러나는지 보기 위해서가 아니라, 곧장 삶의 구조에 대해 생각

---

44 1914~1984. 아르헨티나 소설가.
45 1929~2005. 쿠바 소설가.
46 1946~ . 영국 소설가.
47 1483?~1553. 프랑스 풍자 작가.

하기 위해 읽게 되었습니다. 미하일 바흐친의 다성적 소설에 대한 연구와 라블레와 스턴의 재평가, 그리고 드니 디드로[48]와 18세기 철학 소설의 재발견 등은 19세기 소설의 풍경에서 발생한 이 커다란 변화에 적합성을 부여했습니다. 보르헤스가 『모비딕』을 읽을 때 그랬던 것처럼, 나도 이 소설들을 읽으면서 중심부를 탐색했습니다. 그리고 예상되는 주제에서 벗어나거나 우회하는 것이(『트리스트럼 샌디』[49]에서와 같이) 작품의 진짜 주제라는 것을 이해했습니다.

『검은 책』에 칼럼 작가의 작업에 관한 충고가 길게 이어지는 장면이 나오는데요, 그 충고는 소설 쓰기에도 똑같이 적용됩니다. 내게 소설 창작이란 중요한 것에 대해 중요하지 않는 것처럼, 중요하지 않은 것에 대해 중요한 것처럼 언급하는 예술입니다. 이 원칙을 처음부터 끝까지 고수하여 쓴 소설을 읽는 독자들은 모든 문장에서, 모든 문단에서, 무엇이 중요하고 무엇이 중요하지 않은지 이해하기 위해 중심부를 찾고 상상해야만 할 것입니다. 만약 실러가 말한 의미에서 소박하기보다는 성찰적인 소설가에 속한다면, 다시 말해 서사 기법을 공공연하게 의식하면서 소설을 쓴다면, 독자는 그 소설의 형식을 고려해 중심부를 상

---

48 1713~1784. 프랑스 철학자, 문학자.
49 로렌스 스턴의 미완성 소설. 정해진 줄거리 없이 소설 중간에 작가 서문이나 도표가 삽입되는 파격적 양식을 선보였으며, 의식의 흐름을 최초로 이용했다는 평가를 받는다.

상해 내려 애쓸 것입니다. 내 생각에 한 소설가가 창작자이자 예술가로서 도달할 수 있는 가장 높은 지점은 소설 형식을 수수께끼로 구성할 수 있는 능력입니다. 해답이 바로 그 소설의 중심부인 수수께끼! 가장 소박한 독자라도 이러한 소설을 읽을 때는 소설의 의미, 즉 중심부를 찾으려면 이 수수께끼를 풀어야 한다는 것을 알아챌 것입니다. 순문학 소설에서 수수께끼는 살인자가 누구인지가 아니라, 진정한 주제가 무엇인지를 찾아내는 것입니다. 보르헤스가 『모비딕』을 읽을 때 했던 것처럼! 이처럼 복잡하고 섬세한 문학적 수준에 도달했을 때는 소설의 주제가 아니라 형식이 가장 커다란 호기심의 대상이 됩니다. 칼비노는 1970년에 어떤 논쟁적인 글을 발표하면서, 그러니까 조금 전에 언급한 소설들을 집필할 당시에 이미 이러한 상황이 오리라는 걸 예견했습니다. 칼비노는 「오락으로서 소설」이라는 기고문에서 그 당시 소설 예술 분야에서 어떤 일이 일어나고 있는지를 설명하면서 "소설을 대체한 실험적인 문학에서 첫 번째 규칙은 책장(소설 속 세계) 밖 이야기를 해서는 안 된다는 것이다. 독자는 작가가 써 나간 순서에 따라서만 세계를 이해하게 된다."라고 썼습니다. 이는 독자가 소설을 읽을 때 각각의 나무 때문에 보지 못하는 전체 풍경을 소설의 형식을 바탕으로 상상하고, 중심부도 이에 상응하는 지점에서 찾는다는 의미입니다.

    소설가가 실러가 말한 소박한 정신 상태에서 완전히 멀어져 성찰적으로 되는 가장 좋은 예는, 자신의 소설을 독자의 눈으로 보려고 하는 것입니다. 이런 식의 접근은 우리가 그린 풍경화를, 호라티우스가 말했던 것처럼, 약간 뒤로 물러났다가 다시 다가가기를 반복하면서 보는 것과 비슷합니다. 하지만 이때 그림을 보는 사람이 우리 자신이 아니라, 다른 사람인 것처럼 해야 합니다. 그러면 우리가 '중심부'라고 하는 것도, 사실 우리 자신이 만든 허구라는 것을 상기하게 됩니다. 소설 쓰기란 세상 또는 삶에 우리가 찾을 수 없는 어떤 중심부를 설정하고, 그것을 풍경 속에 — 독자와 상상의 체스 게임을 두면서 — 숨겨 두는 것입니다. 소설 읽기는 같은 작업을 반대로 하는 것입니다. 독자와 작가 앞에 놓인 것은 오직 소설 텍스트뿐입니다. 일종의 즐거운 체스판인 것이지요! 모든 독자는 그 텍스트를 가지고 자신만의 방식으로 머릿속에 그림을 그리고, 원하는 곳에서 중심부를 찾습니다.

　그럼에도 우리는 이 게임을 아무렇게나 해서는 안 된다는 것을 압니다. 부모님에게 받은 가르침, 공교육, 종교, 철학, 관습, 우리가 감탄하며 바라본 그림들과 우리가 읽은 좋거나 나쁜 모든 소설에 이르기까지, 심지어 어린이 잡지의 「미로에서 토끼 굴로 가는 길 찾기」라는 퍼즐조차도 우리에게 모든 것에는 항상 '중심부'가 있으며, 그것을 어디에서 어떻게 찾아야 하는지를 가르쳐 주었습니다. 소설 쓰기와 읽기는, 이 모든 교육과 조화를 이루기도 하고 맞서기도 하면서 행해지는 일입니다.

　순문학 소설을 읽고 또 읽으면서, 서로 갈등하는 주인공들의 눈으로 세상을 보고 또 보면서, 나는 세상에 유일한 중심부는 없다는 것을 배웠습니다. 정신과 물질, 인간과 풍경, 이성과 상상이 서로 구별되는 데카르트주의 세계는 소설의 세계가 될 수 없습니다. 모든 것을 통제하고 싶어 하는 어떤 힘과 권위의 세계가 될 수 있을 뿐입니다.(유일한 중심부가 있는 근대 민족국가를 예로 들 수 있을 것입니다.) 소설 읽기란 전체 풍경에 대해 전반적인 의견을 말하기보다는 풍경을 구석구석 샅샅이 보고, 모든 사람을, 모든 색과 모든 음영을 느끼는 일입니다. 소설을 읽을 때는 전체 텍스트를 판단하거나 논리적으로 규명하는 데 에너지를 동원하기보다는 우리 상상 속에서 세세하고 뚜렷한 그림으로 재현하고, 그 그림들 속에 들어가 사방에 지각을 열어 두려고 애써야 합니다. 중심부를 찾을 수 있다는 희망이 있기에 우리는 지각을 끝까지 열고 상상력을 긍정적으로 사용할 수 있는 것이며, 그리하여 소설 속으로 순조롭게 들어갈 수 있는 것입니다.

지금 나는 희망에 대해, 낙관에 대해 가볍게 언급하는 것이 아닙니다. 소설 읽기란 세상에 중심부가 있다는 것을 믿는 노력입니다. 위대한 순문학 소설들, 예를 들면 『안나 카레니나』, 『잃어버린 시간을 찾아서』, 『마의 산』, 『파도』 같은 책들은 우리에게 없어서는 안 되는 작품입니다. 세상에 중심부와 의미가 있다는 희망과 생생한 환상을 주기 때문입니다. 이런 인상은 페이지를 넘기는 내내 유지되며 우리에게 행복감을 안겨 줍니다.(『마의 산』에 나오는 삶에 대한 지식은 추리 소설에 나오는 사라진 보석보다도 훨씬 더 커다란 호기심의 대상이 됩니다.) 우리는 다 읽은 소설을 중심부가 어디인지 찾아냈기 때문이 아니라, 이 낙관적인 기분을 느끼기 위해 다시 읽고 싶어 합니다. 위대한 소설을 읽을 때는 모든 캐릭터에 일일이 동화되어 그들의 시각에서 보고 그들을 인정해 주려는 노력, 단어들을 그림으로 전환하며 소비한 에너지, 우리 머릿속에서 빠르고 주의 싶게 실행되었던 그 밖에 모든 작업 등을 통해 소설에 중심부가 하나만이 아님을 느끼게 됩니다.

하지만 우리는 이 지식을 여유로운 생각이나 난해한 개념을 통해서가 아니라, 소설을 읽는 경험을 통해 배울 수 있습니다. 현대를 살아가는 개인에게 위대한 순문학 소설을 읽는 것은 세상의 깊고 심오한 의미에 다가가는 것입니다. 위대한 문학 작품을 읽을 때 우리는 세상도 그리고 우리 머릿속도 중심부가 하나만이 아니라는 것을 알게 됩니다.

이제 소설을 읽을 때 실행하는 다른 많은 작업에 대해서도 언급하려 합니다. 예컨대 전혀 다른 태도와 도덕관념을 가진 캐릭터들을 이해하려는 노력, 서로 모순되는 관점들을 동시에 믿고, 심지어는 그 관점들이 애초에 우리의 관점이었던 것처럼 불안감을 느끼지 않고 받아들이는 능력 말입니다. 중심부가 불확실한 순문학 소설을 읽고 중심부를 찾는 동안 우리는 동시에 많은 것을 믿을 수 있으며, 우리 머릿속에도 그리고 세계에도 중심부가 하나만이 아니라는 것을 느낄 수 있습니다. 여기서 딜레마는 이해하기 위해서 어떤 중심부를 필요로 하는 욕구가 중심부의 힘과 지배적인 논리에 맞서고 싶은 충동과 서로 충돌한다는 것입니다. 세상을 이해하려는 욕구에 정치적인 면이 있는 것처럼, 중심부에 맞서려는 본능도 정치화될 수 있습니다. 오로지 명확함과 모호함, 통제와 해석의 자유, 혼합과 파편 사이에 특별한 균형을 도모하는 순문학 소설만이 이러한 딜레마에 대한 진정한 대답이 될 수 있습니다. 애거서 크리스티의 『오리엔트 특급 살인』이나(중심부가 아주 분명하므로) 조이스의 『피네건의 경야』 같은(나 같은 독자는 중심부는커녕 이해할 만한 의미라도 찾을 희망이 없으므로) 소설들 가운데 한 편은 아닙니다. 어떤 소설이 누구에게, 언제, 어떻게, 어떤 강렬한 주제로 호소하느냐는 시간에 따라 변합니다. 소설의 중심부가 변하는 것과 마찬가지입니다.

앞에서 도스토옙스키가 『악령』을 쓸 때 소설에 새로 드러난 중심부를 발견하고 크게 흥분했던 일화를 언급했습니다. 소설가라면 모두 이 감정을 알고 있습니다. 우리 소설가들은 소설을 쓰다가 갑자기 새로운 아이디어에 휩싸일 때가 있습니다. 소설의 의미가 어디까지 확대될지, 소설이 끝났을 때 무엇을 암시하게 될지에 대한 아이디어가 떠오르는 것이지요. 그러면 지금까지 쓴 글을 이 새로운 중심부의 빛 아래서 다시 한 번 검토합니다. 나에게 소설 쓰기란, 새로운 단락, 장면, 세부 사항 들을 추가하고, 새 캐릭터들을 찾아 그들과 동일화되어 그들의 목소리를 빼거나 더하고, 몇몇 장면과 대화를 빼거나 더하고, 소설을 쓰기 시작할 때 미처 상상하지 못했던 것들을 덧붙여 중심부를 서서히 제자리에 앉히는 작업입니다. 톨스토이가 대화 도중에 아주 단순한 공식을 언급했다는 얘기를 읽은 적이 있습니다. 톨스토이는 이렇게 말했다고 합니다. "만약 어떤 소설에서 주인공이 지나치게 악한 사람이라면 약간 선한 면을 더해야 한다. 만약 지나치게 좋은 사람이라면 약간 나쁜 면을 더해야 한다." 나 역시 같은 소박한 태도로 이와 비슷한 무언가를 말하고 싶습니다. 만약 소설을 쓰다가 중심부가 아주 명확하다는 것을 알게 되면 나는 그것을 약간 감춥니다. 반대로, 중심부가 너무 깊숙하게 감춰져 있으면 약간 드러내야겠다고 생각합니다.

왜냐하면 결국 어떤 소설에서 중심부의 힘은 그것이 무엇인가에 달려 있지 않고, 독자들이 찾아 나서게 하는 데 있기 때문입니다. 균형감 있고 세부 사항까지 잘 조율된 어떤 소설을 읽을 때, 우리는 중심부를 완전히 찾을 수 없으면서도, 그것을 찾을 수 있다는 희망 역시 완전히 버리지 못합니다. 소설의 중심부와 의미 역시 독자에 따라 변합니다. 따라서 우리가 중심부에(보르헤스는 주제라고 부르는) 대해 다른 사람과 논하는 것은 인생관에 대해 논하는 것이 됩니다. 이러한 긴장들이 우리를 소설에 매이게 하고, 이러한 질문들이 우리로 하여금 호기심의 끈을 놓지 못하게 합니다. 소설 속 풍경에서 전진할수록, 다른 좋은 문학 작품을 읽을수록, 서로 모순되는 목소리, 사고, 정신 상태를 흔들림 없이 믿고 동일화하게 되며, 그럼으로써 중심부를 생생히 느낄 수 있습니다. 이 모든 노력을 통해 독자들은 캐릭터와 작가에 대해 성급히 도덕적 판단을 내리지 않게 됩니다.

우리는 대개 도덕적 판단을 보류하며 소설 속으로 들어갑니다. 나는 이 표현을 콜리지의 유명한 문장인 "불신을 이성으로 보류한다."를 상기하기 위해 사용했습니다. 콜리지는 판타지 소설이 어떻게 가능할 수 있는지를 해명하기 위해서 이 문장을 찾아냈습니다. 1817년에 콜리지의 『문학 평전』이 출간된 이후 지금까지 200년이 흐르는 동안, 내가 '중심부'라고 부르는 것이 확립되고 힘을 얻으면서, 소설 예술은 시나 기타 문학 장르들을 제치고 전 세계적으로 지배적인 문학 형식이 되었습니다. 200년 동안 소설가들은 평범한 일상의 세부 사항을 새로 배열함으로써 깊은 곳에 있는 기이한 그곳, 중심부를 만들어 냈습니다.

『문학 평전』의 같은 단락에서 콜리지는 그의 친구 윌리엄 워즈워스[50]가 시에서 다른 효과를 거두기 위해 노력했다는 사실을 우리에게 상기시킵니다. 콜리지에 따르면 워즈워스는 "평범한 것에 새로움의 매력을 부여하고 초자연적인 무엇인가에 친근감을 불러일으키기 위해 이성을 습관의 마약에서 멀어지게 하고, 우리의 지력을 우리 앞에 있는 세상의 기쁨과 멋짐으로 향하게 하기 위해서……."라고 썼습니다. 35년 동안 소설을 써 오면서 나는 이 말이 내게 소설 예술을 가르쳐 준 가장 위대한 작가

---

50 1770~1850. 영국 시인.

들, 톨스토이, 도스토옙스키, 프루스트, 토마스 만을 위한 말이라고 항상 생각해 왔습니다.

    톨스토이가 소설 도입부에 상트페테르부르크행 기차에 오른 안나의 한 손에 소설을 쥐여 주고, 한편으로는 풍경을 통해 그녀의 심리 상태가 드러나도록 창문을 배치한 것은 단순한 우연이 아니라, 소설 예술의 기본적인 모순을 표시하는 무엇인가라고 나는 생각합니다. 만약 다른 소설이 안나의 손에 들려 있었다면, 그녀가 소설 속 풍경으로 들어가 계속 읽어 나갈 수 있었을까요? 우리는 결코 알 수 없습니다. 하지만 우리가 소설 속 풍경으로 들어가기 위해서는, 톨스토이가 경험하고 연구하고 탐색하여 우리를 끌어들이고자 했던 그 풍경 속으로 들어가기 위해서는, 안나가 손에 있는 책이 아니라 창밖을 봐야 합니다. 그리고 그제야 비로소 안나의 눈을 통해 우리 독자들의 눈앞에 전체 풍경이 재현됩니다. 그녀의 시선 덕분에 소설 속으로 들어가 1870년대 러시아에 있을 수 있었으니, 우리는 안나에게 고마워해야 합니다. 안나가 손에 들려 있는 책을 읽지 못했기에 우리 독자들은 『안나 카레니나』라는 소설을 읽을 수 있기 때문입니다.

에필로그

2008년 가을 호미 바바[51]가 케임브리지에서 내게 전화를 걸어, 하버드 대학의 유명한 노턴 강좌를 맡아 줄 수 있느냐고 정중하게 물어 왔습니다. 열흘 후, 자세한 의논도 할 겸 뉴욕에서 점심을 먹기 위해 만났을 때 세부적인 장까지는 아닐지라도 대충의 윤곽이 내 머릿속에 그려져 있었습니다. 나는 내 생각과 의도를 이해하고 있었고, 이 책에서 이루고자 하는 바도 알고 있었습니다.

내 생각과 의도에 대해 설명하자면, 당시 나는 10년 동안 구상해, 4년에 걸쳐 집필한 『순수 박물관』을 두 달 전에 탈고해 이스탄불에서 출간한 상태였습니다. 이런저런 정치적 문제에 시달린 후였지만 터키 독자들로부터 호평을 받아 만족스러웠습니

---

51 1949~ . 인도 출신 문학 평론가, 하버드대 교수.

다. 배경과 플롯이 유사하다는 점 외에도 19세기 전통 소설의 형식을 차용했기 때문에, 『순수 박물관』은 나의 첫 소설 『제브데트 씨와 아들들』의 세계로 돌아간 것처럼 보입니다. 마치 35년에 걸친 나의 소설가로서의 여정이 여러 정거장을 지나며 커다란 원을 그린 끝에, 내가 시작했던 곳으로 되돌아온 것 같았습니다.

하지만 우리 모두가 아는 것처럼, 우리가 되돌아온 곳과 우리가 출발한 곳은 전혀 다릅니다. 이러한 의미에서 나의 소설 창작은 하나의 원이 아니라, 나선의 첫 번째 고리를 그린 것 같습니다. 머릿속으로 내가 지나온 오랜 문학 여정을 그려 봤습니다. 나는 오랜 여행에서 돌아와 다시 새로운 여행을 앞둔 사람처럼, 그동안의 여정에 관해 얘기할 준비가 되어 있습니다.

이 책의 목표를 설명하기 위해 우선 나의 소설 여행에 대해 이야기하고 싶었습니다. 어떤 정거장에 들렀는지, 소설 형식과 예술이 내게 무엇을 가르쳐 주었는지, 내가 어떤 예술적 한계에 부딪쳤는지, 또 어떻게 싸우고 어떻게 매달렸는지, 이론적 측면이 아니라 개인적인 모험으로써 설명하고 싶었습니다. 한편으로는 내 강연이 개인적인 추억이나 발전에 관한 것이 아니라, 소설 예술에 관해 숙고할 계기를 제공하는 일종의 논문이 되기를 바랐습니다. 이 책은 내가 소설에 대해 아는 것들과 배운 것들 가운데 가장 중요한 것들로 이루어진 하나의 총체입니다. 나에게 소설에서 가장 중요해 보이는 것들을 간략하게 정리했습니다. 물론 분량만 봐도 알 수 있듯이 이 책은 소설의 역사가 아닙니다. 소설 예술을 이해하기 위해 나도 가끔 소설의 역사를 들춰 보기는 합니다. 하지만 나의 진짜 고민은 소설이 우리에게 끼치는 영향, 그리고 소설가들이 어떻게 쓰고, 소설은 어떻게 쓰이는 것인가 하는 문제였습니다. 소설 독자로서의 경험과 소설가로서의 경험은 서로 맞물려 있습니다. 우리는 위대한 소설들을 읽고, 그런 소설을 직접 써 보려고 애쓰면서 소설에 대해 가장 잘 배우게 됩니다. 니체의 "인간은 예술에 대해 언급하기 전에 예술 작품을 창조하려고 애써야 한다."라는 말은 지당하게 느껴집니다.

    이 책은 나의 소설 읽기 경험도 담겨 있지만 대부분 나의 소설 쓰기에 관한 내용입니다. 내가 아는 소설가 친구들과 비교하면, 나는 소설 이론에 관심이 많은 듯합니다.(쉰 살 이후 컬럼비아 대학에서 강의를 시작하게 되면서 그동안 공부한 보람을 찾았습니다.) 하지만 이 책은 소설 이론을 분석하고 논쟁을 벌이기 위해서가 아니라, 나의 개인적인 관점을 표현하기 위해 쓰였습니다.

    나의 관점은 오늘날 내가 소설을 이해하는 방식과 궤를 같이합니다. 스물두 살 때 어느 날 갑자기 가족과 친구와 아는 사람들에게 "화가가 되지 않겠어요, 소설가가 되겠어요!"라고 말하고 진지하게 첫 소설 『제브데트 씨와 아들들』을 쓰기 시작했을 때, 어쩌면 나를 기다리고 있을 끔찍한 미래로부터 모두들 나를 보호하려 했습니다.(독자층이 한정된 나라에서 소설 창작에 인생을 바치겠다니!) "오르한, 사람은 스물두 살 때 인생을 알 수 없단다. 나이를 좀 먹고 인생을, 사람들을, 세상을 경험해 봐. 그런 다음에 소설을 써!"(그들은 내가 단지 소설 한 권만을 쓰고 싶어 한다고 생각했습니다.) 나는 이 말에 크게 분개했고, 모두에게 이렇게 말하고 싶었습니다. "소설은 우리가 인생을, 사람을 알기 때문에 쓰는 게 아니에요. 다른 소설들을 이해할 수 있을 것 같고 그와 같은 방식으로 써 보고 싶기 때문에 쓰는 거라고요!"

35년이 흐른 지금은 좋은 의도로 충고해 준 친구들의 관점을 이해할 수 있을 것 같습니다. 나는 최근 10년 동안 인생에서 마주친 사물과 삶과 세계에 대해, 내가 살고 있는 곳에 대해 표현하기 위해 소설을 써 왔습니다. 이 책에서도 소설 이론보다는 나의 경험이 우선시되었습니다. 하지만 꽤 많은 곳에서 다른 사람들의 관점과 잘 알려진 텍스트를 빌려 내 관점을 설명했습니다.

나의 관점은 물론 내가 소설을 창작하면서 가장 최근에 도달한 단계에 한정되어 있지 않습니다. 이 강연에서는 최근작 『순수 박물관』을 쓸 때 소설 예술에 대해 어떻게 생각했는지에 관한 것뿐만 아니라, 그동안 소설을 쓰면서 얻은 경험과 지식도 설명했습니다.

1974년에 쓰기 시작한 첫 소설 『제브데트 씨와 아들들』은 19세기 사실주의 소설을, 예를 들면 『부덴브로크 가의 사람들』이나 『안나 카레니나』를 본보기로 삼았습니다. 이후 흥분에 사로잡혀 모더니즘과 실험주의를 구사하는 작가가 되려고 애썼습니다. 두 번째 소설 『고요한 집』은 포크너에서 울프까지, 프랑스 누보로망에서 라틴아메리카 소설까지 여러 작가에게서 영향을 받았습니다.(다른 작가에게 영향을 받았음을 부정하는 나보코프와는 달리, 나는 이 영향들을 조금 과장해서 말하는 편이 나를 자유롭게 해 줄 뿐만 아니라, 지금 이 글을 봐도 알 수 있듯이, 유익하다고 믿습니다.) 나는 보르헤스와 칼비노 같은 작가들을 향해 나 자신을 열면서, 옛날 표현을 빌리자면, '나의 목소리'를 찾았습니다. 이에 대한 첫 사례가 역사 소설 『하얀 성』입니다. 지금 여러분의 손에 들려 있는 책에서 나는 나의 경험에 비추어 이 작가들에 대해 언급했습니다. 『검은 책』은 나의 첫 소설처럼 상당히 자전적이지만, 나의 진정한 내면의 목소리를 찾은 첫 번째 소설이기도 합니다. 이 소설을 쓸 때 이 책에서 언급한 '구조 이론'을 감지했던 것 같습니다. '본 것을 단어로 전환하고, 단어로 머릿속에 그림을 그리는 것'에 관한 관심은 『내 이름은 빨강』 덕분이라고 할 수 있습니다. 나는 언제나 독자의 시각적 상상력에 호소하는 작가가 되려 노력했고, 소설 예술은 ─ 도스토옙스키라는 충격적인 반증이 있기는 하지만 ─ 시각적 심상을 통해 작동한다고 믿어 왔습니다. 『눈』은 소설과 정치, 『순수 박물관』은 사회적 실재에 대해 생각하도록 이끈 작품들입니다. 『순수 박물관』을 쓸 때 나는 그동안의 모든 경험이 서로 맞물려 있음을 느꼈습니다. 새로운 소설을 쓸 때면 예전 집필 경험과 예전에 읽었던 책들에 의지하게 됩니다. 하지만 우리가 첫 소설의 첫 문장을 쓸 때 느끼는 것처럼, 소설을 쓸 때는 항상 철저하게 혼자입니다.

2009년 10월에 호미 바바를 만나러 뉴욕으로 가고 있을 때, 내 머릿속에는 이 강좌에 참고할 책 두 권이 있었습니다. 첫 번째 책은 이제는 유행이 지났다고 확신했던 포스터의 『소설의 이해』입니다. 한때 대학 영문과 교수요목에 포함되었던 이 책은 이제 문예창작과에서 읽힙니다. 거기선 글쓰기가 정신적이고 철학적인 행위가 아니라, 어떤 기술로 취급되더군요. 이 책을 다시 읽은 후, 이 책이 과거의 명성을 회복하기를 바라게 되었습니다. 또 다른 책은 루카치가 마르크주의자가 되기 전에 썼던 『소설의 이론』입니다. 이 책은 소설 이론에 관해 자세하게 서술한 책이라기보다는, 왜 인간이 정신적으로 소설 같은 거울(특별한 구조의 거울!)을 필요로 하는지를 이해하려고 했던 철학적이고 인류학적이며 놀랍게도 시적인 논문입니다. 나는 소설 예술에 대해 언급할 때 모든 인간, 특히 현대인에 대해 심오하게 논의하는 이 책과 같은 책을 쏠 수 있기를 항상 바랐습니다.

자신에 대해 얘기함으로써 점차 모든 인간에 대해 논의할 수 있음을 감지한 최초의 위대한 작가는 물론 미셸 몽테뉴입니다. 그가 계발한 기법 덕분에, 그리고 20세기 초에 확립된 시점 기법을 비롯해 오늘날까지 근대 소설에서 발전된 다른 많은 기법 덕분에, 우리 소설가들의 첫 번째 임무가 주인공들과 동일화하는 것임을 이제는 이해했으리라 생각합니다. 이 책을 쓰면서 나도 몽테뉴의 낙관론에서 힘을 얻었습니다. 나의 소설 창작 경험에 관하여, 소설을 쓰고 읽을 때 실제로 내가 무엇을 하는

지를 솔직히 얘기한다면, 모든 소설가에 대해 그리고 소설 예술 전반에 대해 논의할 수 있으리라 믿는 낙관론에 나는 기대고 있습니다.

하지만 우리 소설가들이 우리와 다른 캐릭터들과 동일화하는 재능은 한정되어 있고, 자전적인 캐릭터들도 어느 선까지만 모든 인간을 대변할 수 있기에, 나의 논픽션 작가로서의 낙관론에도 한계가 있다는 것을 압니다. 포스터와 루카치가 소설 예술에 대해 언급할 때, 그들의 관점이 20세기 초 유럽에 한정되었다는 것을 그리 강조할 필요는 없을 것입니다. 왜냐하면 어차피 100년 전 소설 예술은, 모두 알고 있다시피, 유럽(또는 서양) 예술이었기 때문입니다. 오늘날 소설은 전 세계에서 사용하는 문학 형식입니다. 소설 형식의 전 세계적 전파에 대해서는 끊임없이 논의가 이어지고 있습니다. 최근 150년 동안 소설은 근대 민족국가의 형성이라는 흐름과 함께, 전 세계 모든 나라에서 전통 문학 형식을 주변으로 밀어내고 지배적인 형식이 되었습니다. 이제 세계 곳곳에서 문학을 통해 자신을 표현하고자 하는 사람이라면 대부분 소설을 쓰고 있습니다. 2년 전에 상하이에서 내 책을 펴내는 출판인은 내게, 매년 젊은 작가들로부터 수십만 편의 투고가 쏟아져 그 원고들을 읽을 시간조차 없다고 합니다. 나는 이러한 상황이 전 세계 어디나 마찬가지라고 생각합니다. 서양뿐만 아니라 전 세계 어느 나라에 가든 문학적인 소통은 소설로 이루어지고 있습니다. 어쩌면 이러한 이유로 현대 소설가들은 자신들의 이야기와 캐릭터만으로 모든 인간을 대변하는 데는 한계가 있다는 것을 감지하게 된 듯합니다.

마찬가지로 이 강연에서 나 자신의 소설 창작 경험만으로 모든 소설가에 대해 언급하기에는 한계가 있다는 것도 알고 있습니다. 독자 여러분은 이 책이 소설 쓰기와 독서의 전통이 빈약한 1970년대 터키에서 독학으로 소설 쓰는 법을 배운, 반은 서양인, 반은 동양인인 작가의 관점에서 쓰였다는 것을 잊지 않았으면 합니다. 그 소년은 소설가가 되리라 결심하고 아버지의 불 꺼진 서재를 더듬어 빼낸 책을 닥치는 대로 읽어 나갔지요. 우리가 머릿속에서 그림을 그리고 단어들을 상상 속에서 그림으로 전환하는 방식에 관한 나의 관찰은 단순히 내가 그림을 사랑하기 때문에 하는 말이 아니라, 소설 예술의 가장 일반적인 특징을 지적한 것이라 믿습니다.

이 책에서 언급한 실러의 논문을 이십 대에 처음 읽었을 때, 나는 '소박한' 작가가 될 수 있기를 강력하게 바랐습니다. 그 당시, 그러니까 1970년대에는 터키 소설가 가운데 가장 사랑받고, 가장 영향력 있는 작가들은 농촌을 배경으로 반은 정치적이고 반은 시적인 소설들을 썼습니다. 도시, 즉 이스탄불을 배경으로 이야기를 쓰는 소박한 작가가 된다는 것은, 그 당시 내게는 실현되기 어려운 어떤 '이상'으로 보였습니다. 하버드 대학 샌더스 극장에서 진행된 나의 강연 이후로 계속 질문을 받고 있기 때문에("파묵 씨, 당신은 '소박한' 소설가입니까, 아니면 '성찰적인' 소설가입니까?") 나에게 이상적인 상황은 한 소설가가 '소박한' 동시에 '성찰적인' 영혼을 갖는 것이라고 말하겠습니다.

2008년 후반에 컬럼비아 대학 버틀러 도서관에서 '캐릭터'나 '구조 이론' 같은 주제에 대해 연구한 적이 있기는 하지만, 이 책은 대부분 다른 자료와 책에서 읽었던 내용 가운데서 기억나는 부분에 의지해 썼습니다. 2009년 2월에 인도 라자스탄에서 세계 경제 불황의 여파로 항공기 운항이 취소되는 바람에, 키란 데사이[52]와 함께 자동차를 렌트해서 자이살메르와 조드푸르 사이에 있는 금빛 사막을 지나게 되었습니다. 나는 사막 한가운데서 실러의 논문을 다시 한 번 읽었고, 이 책을 쓰는 상상 ─ 마치 신기루 같은 ─ 을 하며 흥분했던 기억이 납니다. 나는 이 책을 인도의 고아, 이스탄불, 베네치아(카 포스카리 대학에서 2009년 5월에 강연하면서), 그리스(스펫세스 섬 맞은편에 있는 렌트하우스에서), 뉴욕을 돌아다니며 썼습니다. 그리고 하버드 대학 와이드너 도서관과 케임브리지에 있는 스티븐 그린블랫[53]의 책으로 꽉 찬 집에서 끝마쳤습니다. 소설을 쓸 때와 비교하면, 이 책은 ─ 어쩌면 대화체로 썼기 때문에 ─ 비교적 쉽게 형태를 잡았습니다. 종종 나는 공항에서, 호텔에서, 찻집에서(플로베르의 고향 루앙에 있는, 사르트르와 시몬 드 보부아르[54]가 1930년대에 만났던 르메트로폴

52　1971~ . 인도 출신 소설가, 2006년 부커상 수상.
53　1943~ . 미국 문학 비평가.
54　1908~1986. 프랑스 소설가, 사상가.

카페에서) 공책을 꺼냈습니다. 한 시간 정도면 주제에 몰입해 몇 문단을 쉽게, 행복하게 써 나갈 수 있었습니다. 유일한 문제는, 강연 시간이 45분에서 50분으로 정해져 있다는 것이었습니다. 소설을 쓸 때는 주제를 풍부하게 하는 창조적인 아이디어와 없어서는 안 될 세부 사항들이 떠오르면, 나중에 그 장을 늘일 수가 있습니다. 하지만 강연은 시간 제약이 있다 보니, 스스로 가혹한 비평가이자 편집자가 되어야 했습니다.

이 책의 영어 번역본을 읽고 조언해 준 키란 데사이에게, 수많은 유용한 생각과 조언을 전해 준, 세계의 모든 책을 읽은 데이비드 댐로슈[55]에게, 그리고 하버드 대학에서 따스한 환대로 맞아 준 호미 바바에게 깊은 감사를 전합니다.

2010년 3월, 이스탄불
오르한 파묵

---

55 하버드대 비교문학과 교수.

| 찾아보기 |

ㄱ

「갈가마귀」 91
『감정 교육』 35, 107
객관적 상관물 102~103
『거장과 마르가리타』 44
『검은 책』 48, 130, 137, 163, 179
『겐지 이야기』 41
『고리오 영감』 106
『고백록』 55
『고요한 집』 178
고트홀트 에프라임 레싱 95~96
공상과학 소설 52, 119, 153
교양소설 35
「구두」 111
귀스타브 플로베르 35, 50~51, 94, 107~108, 112, 183
기사도 소설 26, 121
기예르모 카브레라 인판테 162
『기적의 세월들』 152

ㄴ

『나나』 104

『나는 훌리아 아주머니와 결혼했다』 162
『내 이름은 빨강』 91, 100, 129, 179
『내가 죽어 누워 있을 때』 158
내면 독백 158
내적 독백 127
『노인』 160
『눈』 22, 142, 179
「늙은 선원의 노래」 91
니체 177
니콜라이 레스코프 66

ㄷ

다니자키 준이치로 44
단테 알리기에리 21
『댈러웨이 부인』 158
W. H. 오든 99
데이비드 댐로슈 184
데카르트주의 28, 39, 57, 166
「델프트 풍경」 110
『돈키호테』 41, 74
『돌차기 놀이』 162
동서양 문제를 다룬 소설 127

드니 디드로 163

ㄹ

라스티냐크 120
라오콘 95
러시아 형식주의자 78
『러시아의 맥베스 부인』 66
레오나르도 다빈치 100~101
레자이자데 마흐무트 에크렘 127, 128
레프 톨스토이 16~17, 29, 33, 50, 75, 82~83, 90, 103~104, 128, 155~156, 161, 169, 171
로렌스 스턴 21, 162~163
『로빈슨 크루소』 40~42, 57
로자 하크멘 132
『롤리타』 78

ㅁ

마르그리트 유르스나르 125~126, 129~130
마르셀 프루스트 46, 83, 108, 110, 126, 132~134, 137~138, 155, 171
마르틴 하이데거 111, 119
마리오 바르가스요사 161~162
『마의 산』 35, 166
『마차 열애』 127~128

『마담 보바리』 66
막스 브로트 56
『만약 어느 겨울밤에 한 여행자가』 162
『말』 71
『맥베스』 66
메스네비 32, 62
『모비딕』 41, 149~150, 153, 163~164
모험 소설 26, 32
몰리에르 64
『문학 평전』 91, 170
미겔 데 세르반테스 21
미셸 몽테뉴 180
미셸 뷔토르 27
미셸 푸코 47
미하일 바흐친 163
미하일 불가코프 44
밀란 쿤데라 128, 162

ㅂ

발터 베냐민 66
버지니아 울프 83, 127, 155, 158, 178
『변신』 16
『보이지 않는 도시들』 162
볼프강 이저 47
『부덴브로크 가의 사람들』 178
V. S. 나이폴 128, 153, 162
블라디미르 나보코프 42, 78, 83, 121, 162,

179
빅토르 시클롭스키 78
빅토르 위고 114, 161
빈센트 반 고흐 111

ㅅ

사다크 헤다야트 44
사실주의 소설 52, 127, 178
새뮤얼 콜리지 22, 74~75, 91, 103, 170
『샤 나메』 91
샤를 피에르 보들레르 103
「설명하는 것인가, 묘사하는 것인가?」 104
『세 마리의 슬픈 호랑이』 162
「소박한 문학과 성찰적인 문학」 20, 24
『소설의 이론』 180
『소설의 이해』 34, 65, 180
『수전노』 64
순문학 소설 27, 61~62, 148~149, 154, 157, 164~168
『순수 박물관』 39, 45, 47, 79, 118, 137, 175~176, 178~179
『스완네 집 쪽으로』 160
스타니스와프 렘 154
스탕달 18, 104~106, 136, 139, 141, 155
스티븐 그린블랫 183
스파이 소설 27
『시간 조절 연구소』 44

『시론』 94~95
시몬 드 보부아르 183
『실비』 106
실증주의 65
『10½장으로 쓴 세계 역사』 162

ㅇ

아리스토텔레스 78~80, 96
아우구스트 스트린드베리 114
아흐메트 함디 탄프나르 25, 44
『악령』 90, 135, 151~152, 168
『안나 카레니나』 16, 17, 63, 74, 82~84, 104, 121, 166, 171, 178
안드레아스 후이센 99
알랭 로브그리예 27, 108
알렉산드로 만초니 161
알브레히트 뒤러 21
『암흑 작업』 125
애정 소설 119, 153
『야생 종려나무』 159~161
『약혼자』 161
에드거 앨런 포 91
에밀 졸라 104, 108
에부 노와즈 48
에블리야 첼레비 63~64
역사 소설 52, 62, 125, 129, 179
「역사 소설의 어조와 언어」 125

『옛 거장들』 135
오노레 드 발자크 25, 106~108, 120, 136
「오락으로서 소설」 164
오르테가 이 가세트 26~27
『오리엔트 특급 살인』 168
오우즈 아타이 25
외젠 쉬 161
요하네스 페르메이르 110
요한 볼프강 폰 괴테 24~25, 101, 140, 142
움베르토 에코 47~48
워싱턴 올스턴 103
위르겐 하버마스 55
윌리엄 셰익스피어 21, 64, 74~75
윌리엄 워즈워스 170
윌리엄 포크너 83, 127, 158~159, 161, 178
『율리시스』 82, 134, 138, 157
『음향과 분노』 158
E. M. 포스터 34, 65, 67~68, 151, 180~181
『이스탄불』 54
이탈로 칼비노 129, 162, 164, 179
『인생 사용법』 162
『일리아스』 99
『잃어버린 시간을 찾아서』 46, 110, 132, 160, 166

ㅈ

『자연학』 79~80
『자유국가에서』 162
잘레 파를라 128
『장님 올빼미』 44
장 자크 루소 55
장폴 사르트르 71, 108, 120, 183
「저자란 무엇인가?」 47
『적과 흑』 18, 104~106, 139
적절한 단어(le mot juste) 94, 112~123
적절한 심상((l'image juste) 94, 112~123
『전쟁과 평화』 15, 82, 128, 155~157, 161
제라르 드 네르발 11, 103, 106
『제브데트 씨와 아들들』 120, 176~178
J. M. 쿳시 128
제인 오스틴 63
제임스 조이스 82~83, 127, 134, 158, 168
조르주 페렉 108
조셉 콘래드 83, 158
조지프 프랭크 152
존 업다이크 159
죄르지 루카치 104, 180~181
줄리언 반스 162
『중심부 찾기』 153
진기한 것들의 방(Wunderkammern) 124

ㅊ

찰스 디킨스 75, 136
『참을 수 없는 존재의 가벼움』 162
『창백한 불꽃』 162
『창작의 철리』 91
『천일야화』 160
철학 소설 52, 163
「최후의 만찬」 101
추리 소설 119, 153~154, 166
축음기 126
『치인의 사랑』 44

ㅋ

『카라마조프 가의 형제들』 64
「쿠빌라이 칸」 22
키란 데사이 183~184

ㅍ

『파도』 158, 166
판타지 소설 52, 153, 170
퍼트리샤 하이스미스 154
페터 한트케 128
포스트모더니즘 129
표도르 도스토옙스키 64~65, 89~90, 135, 151~152, 155, 168, 171, 179

『풍류 여행기』 21
프란츠 카프카 16, 56
프랑수아 라블레 162~163
프리드리히 실러 20~25, 65, 67, 140, 142, 154, 163~164, 182~183
『피네건의 경야』 168
피르도시 91
피에르 부르디외 131~133
필립 K. 딕 154

ㅌ

탐정 소설 27
테오필 고티에 103
토마스 만 21, 35, 155, 171
토마스 베른하르트 135
튀르칸 쇼라이 46
『트리스트럼 샌디』 163
T. S. 엘리엇 102~104, 128

ㅎ

『하녀의 아들』 114
『하드리아누스 황제의 회상록』 125
『하얀 성』 128, 179
『햄릿』 90
「햄릿과 그의 문제들」 102
헤르만 브로흐 127

헨리 제임스 109~110, 129, 158
호라티우스 94~96, 111, 165
호르헤 루이스 보르헤스 56, 129, 138, 149~150, 153, 161, 163~164, 179
호메로스 63, 90, 94, 99
호미 바바 175, 180, 184
『황금 주발』 109, 112
훌리오 코르타사르 162

옮긴이 **이난아** 한국외대 터키어과를 졸업하고, 터키 국립 이스탄불 대학교에서 터키 문학으로 석사 학위를, 터키 국립 앙카라 대학교에서 터키 문학으로 박사 학위를 받았다. 현재 한국외국어대학교 중앙아시아연구소 전임 연구원으로 재직 중이다. 저서로 『터키 문학의 이해』, 『오르한 파묵, 변방에서 중심으로』, 『오르한 파묵과 그의 작품 세계』(터키 출간), 『한국어-터키어, 터키어-한국어 회화』(터키 출간), 터키 문학과 문화에 관련한 다수의 논문이 있다. 소설 『내 이름은 빨강』 등 40여 권에 달하는 터키 문학 작품을 한국어로 번역했으며, 김영하의 『나는 나를 파괴할 권리가 있다』 등 5편의 한국 문학 작품을 터키어로 번역했다.

소설과
소설가

1판 1쇄 펴냄 2012년 9월 14일
1판 7쇄 펴냄 2022년 7월 20일

지은이 오르한 파묵
옮긴이 이난아
발행인 박근섭·박상준
펴낸곳 (주)민음사

출판등록 1966. 5. 19. 제16-490호
주소 (우편번호 06027) 서울특별시 강남구 도산대로1길 62(신사동)
   강남출판문화센터 5층
대표전화 02-515-2000 | 팩시밀리 02-515-2007
홈페이지 www.minumsa.com

한국어 판 © (주)민음사, 2012. Printed in Seoul, Korea

ISBN 978-89-374-8579-4 (03830)

* 잘못 만들어진 책은 구입처에서 교환해 드립니다.